Ralf Sotscheck

Das Auge des keltischen Tigers
Dubliner Stories

Picus Lesereisen

Picus Verlag Wien

Die Deutsche Bibliothek – CIP-Einheitsaufnahme

Sotscheck, Ralf:
Das Auge des keltischen Tigers: Dubliner Stories /
Ralf Sotscheck. – Wien: Picus Verl., 2000
(Picus Lesereisen)
ISBN 3-85452-746-2

Grafische Gestaltung: Dorothea Löcker, Wien
Umschlagabbildung:
© Irische Fremdenverkehrszentrale, Wien
Druck und Verarbeitung: Remaprint, Wien
ISBN 3-85452-746-2

Inhalt

Vorwort

Kaum eine Stadt hat sich innerhalb so kurzer Zeit so stark verändert wie Dublin. Der »keltische Tiger«, wie das irische Wirtschaftswunder genannt wird, hat vor allem im Zentrum der Hauptstadt seine Spuren hinterlassen. Wo vor kurzem noch Ziegen grasten oder Autos auf Brachflächen parkten, stehen heute hochgeschossige Bürohäuser und Apartmentblocks. Fast ein Drittel der Inselbewohner lebt im Großraum Dublin. Die Hauspreise steigen im Durchschnitt um 65 Pfund pro Tag. Der Boom hat seine Schattenseiten: Die Schere zwischen Armen und Reichen ist größer geworden, Asylbewerber sind von der irischen Gastfreundschaft ausgeschlossen, und die Gelassenheit der Dubliner ist einer hektischen Geschäftigkeit gewichen, die sich auch im Autoverkehr mit ungeduldigem Hupen bemerkbar macht. Hinzu kommt ein Drogenproblem, das unüberwindbar ist. Dublin gehört zu den Heroinhauptstädten Europas, und deshalb ist in diesem Buch nicht nur von den Glanzseiten der irischen Hauptstadt die Rede.

James Joyce schrieb 1906 über seine Landsleute: »Die Dubliner sind die hoffnungsloseste, nutzloseste und widerspruchsvollste Rasse von Scharlatanen, der ich je auf der Insel oder auf dem Kontinent begegnet bin. Der Dubliner verbringt seine Zeit mit Schwatzen und Rundgängen durch die Bars, Schenken und Spelunken, ohne je seine doppelten Quantitäten von Whiskey oder Home Rule satt zu kriegen, und nachts, wenn nichts mehr reingeht und er mit Gift angefüllt ist wie eine Kröte, stolpert er aus einem Nebenausgang und geht, geleitet vom instinktiven Wunsch nach Standhaftigkeit, die geraden Häuserfronten entlang und schrubbt seinen Rücken an allen Mauern und Ecken. Er ertastet sich den Weg ›mit dem Arsch‹, wie wir auf englisch sagen. Da haben sie ihren Dubliner.«

Viel getrunken wird in Dublin noch immer. Es gibt mehr als siebenhundert Wirtshäuser in der Stadt, der Nachschub kommt aus der Guinness-Brauerei, der größten Exportbrauerei der Welt. Sie liegt in den Liberties, dem alten Dubliner Arbeiterviertel, an dem der Wirtschaftsaufschwung bisher vorüber gegangen ist. Zwar liegt das Viertel auf der reicheren Südseite des Flusses Liffey, aber der Wohlstand läßt noch auf sich warten. Am Rande der Liberties liegt die St. Patrick's Cathedral, wo Jonathan Swift Dekan war, dieser bissige irische Satiriker, der zu Unrecht nur für seinen Gulliver berühmt ist. Er ist im Kirchenschiff neben seiner Freundin Stella begraben. St. Patrick's Cathedral ist protestantisch, ebenso wie die zweite Kathedrale, Christ Church, die nur einen Steinwurf entfernt liegt. Mehr als neunzig Prozent der Dubliner sind katholisch, aber eine katholische Kathedrale gibt es nicht in der Hauptstadt.

Nicht nur wegen Swift und Joyce ist Dublin als Stadt der Schriftsteller bekannt. Berühmte Autoren wie Oscar Wilde, George Bernard Shaw, Samuel Beckett und Bram Stoker sind hier geboren. Die Idee zu seinen Dracula-Romanen kam Stoker in einer unscheinbaren Kirche in der Church Street: St. Michan's, auf dessen Orgel Händel seinen »Messias« gespielt hat. »Das Grausigste, das ich überhaupt jemals in einer Stadt gesehen habe, findet man unter der Kirche von St. Michan«, schrieb der Reisebuchautor Henry Vollam Morton 1930. Hinter den schweren Eisentüren, die zu ebener Erde an der Außenwand der Kirche liegen, führt eine steile Steintreppe in einen Gang, von dem links und rechts Kammern abgehen – Kammern voller Leichen, von denen viele fünfhundert, sogar achthundert Jahre tot sind. Die gerbsäurehaltige Luft verhindert die Verwesung. Der Totengräber fordert die Besucher auf, die Hand eines Kreuzritters zu schütteln, der seit achthundert Jahren in dieser Gruft liegt. Es soll Glück bringen. Die Haut der Leiche fühlt sich ledern an, Haare und Fingernägel sind noch erhalten. Selbst die Gelenke funktionieren noch, wie der Totengräber demonstriert. Es leuchtet ein, daß Stoker hier zu seinem »Dracula« inspiriert worden ist.

Die meisten berühmten Dubliner Schriftsteller sind irgendwann ausgewandert, weil sie sich durch die puritanische Atmosphäre der Stadt eingeengt fühlten. Anthony Burgess sagte: »Niemand kann in Dublin ein Buch schreiben. Es wird zuviel geredet. Man kann Geschichten als Barde in einer Kneipe erzählen. Wer wollte danach noch ein Buch schreiben?« Viel Gutes hatten die ausgewanderten Autoren nicht über ihre Heimatstadt zu sagen. »Ich fuhr heute nach Dublin hinein und verfluchte jedes einzelne Haus, an dem ich vorbeikam«, schrieb Shaw, einer der drei Literaturnobelpreisträger Dublins. Joyce nannte die Stadt »eine alte Sau, die ihre Ferkel frißt«, aber er sagte auch, daß Dublin mit Hilfe seiner Bücher originalgetreu nachgebaut werden könnte, sollte es über Nacht zerstört werden. Nur für den großen irischen Dramatiker Brendan Behan, den der Alkohol zerstörte, war »die Stadt der Städte immer Dublin«.

Friedrich Engels schrieb gar, die Bay von Dublin sei die schönste des ganzen britischen Inselreiches. »Die Stadt selbst hat ebenfalls große Schönheiten«, fügte er hinzu, »und die aristokratischen Teile derselben sind besser und geschmackvoller angelegt als die irgendeiner anderen britischen Stadt.« Zu sehen gibt es viel, zum Beispiel das Trinity College mit seiner überwältigenden Bibliothek und dem »Book of Kells«, einer Handschrift aus dem 8. Jahrhundert, bei dem jeden Tag eine Seite umgeblättert wird; die georgianischen Plätze im vornehmen Süden; die wuchtigen Gemäuer der Zentralbank und des Schlosses, die außen regelmäßig renoviert werden müssen, weil die Dubliner Luft sie langsam zerfrißt; die Hauptpost in der O'Connell Street, Dublins Hauptstraße, wo die Rebellen 1916 die Republik ausriefen, sich aber nach fünf Tagen den britischen Truppen geschlagen geben mußten; eine Führung durch das Kilmainham Gefängnis, die ein Schnellkurs in irischer Geschichte ist; und natürlich der Phoenix Park, der größte Park Europas, in dessen Mitte ein gigantisches Kreuz an den Papstbesuch erinnert, zu dem eine Million Menschen in den Park gepilgert war.

Doch die Besucher kommen inzwischen vor allem wegen des Nachtlebens. Dublin ist das beliebteste Kurzreiseziel Europas. Die Atmosphäre, die einst die Schriftsteller vertrieb, ist von der Jugend geprägt. Die Hälfte der Einwohner ist unter 25 Jahre alt. Für die jungen Leute gibt es Diskotheken und Nachtclubs, und im neuen Kulturviertel Temple Bar geht es nachts zu wie auf einem Rummelplatz.

Am Rand von Temple Bar, einem architektonischen Schmuckstück der Hauptstadt, liegt jedoch auch das düsterste Kapitel in der Architekturgeschichte Dublins: Wood Quay, vier häßliche, weiße Büroblocks, in denen die Stadtverwaltung residiert. An dieser Stelle landeten

841 die Wikinger, um sich anzusiedeln. Als das Gelände in den siebziger Jahren für die Büroblocks geräumt wurde, traten die Strukturen der Wikingersiedlung zutage: Straßen, Wohnhäuser, Werkstätten mit Arbeitsgeräten von teilweise organischer Substanz. Es war zweifellos die bedeutendste Ausgrabung zur Erforschung der Wikingerzeit. Allein die Dubliner Stadtverwaltung ließ sich nicht beeindrucken. Trotz Massendemonstrationen, höchstrichterlicher Entscheidungen und Appellen von Wissenschaftlern aus aller Welt wurden die Büroblocks gebaut und begruben das wichtigste Zeugnis für Dublins Frühgeschichte unter sich.

Die Wikinger hatten 841 einen Langhafen errichtet, die Stadturkunde hingegen empfing Dublin erst 1172 vom englischen König Heinrich II. Das Ereignis, auf das sich Dublins Tausendjahrfeier 1988 bezog, war eher belanglos: Um die Zerstörung der Stadt zu verhindern, unterwarfen sich die Wikinger 988 vorübergehend dem irischen Kleinkönig Malachy, der Dublin mit seinen Truppen belagerte. Fortan mußte die Stadt jedes Jahr zu Weihnachten eine Unze Gold für jedes Gebäude Steuer zahlen – wahrlich kein Grund zum Feiern.

Die Wikinger waren auf der Suche nach Siedlungsraum Ende des 8. Jahrhunderts nach Irland gekommen und bauten auf einer Anhöhe an der Mündung des Flusses Liffey eine Festung namens Dubhlinn, was »schwarzer

Pfuhl« bedeutet. Die Iren, deren keltische Vorfahren ab 1200 v. Chr. die Grüne Insel besiedelt hatten, nannten sie Baile Átha Cliath: die Stadt an der Hürdenfurt. Aus der militärischen Wikinger-Basis wurde im Laufe der Zeit ein bedeutender Warenumschlagplatz; mit ihren hochentwickelten Schiffen unterhielten die Wikinger internationale Handelsbeziehungen.

Die Uneinigkeit der Iren, deren Kleinkönige sich untereinander bekämpften, verhinderte die Vertreibung der Fremden. Das Ringen um Vorherrschaft endete mit der Verschmelzung der beiden Bevölkerungsgruppen. Auch die Anglo-Normannen, die im 12. Jahrhundert von einem der irischen Könige zu Hilfe gerufen worden waren, blieben im Land und nahmen die Lebensweise der Iren an. Erst Heinrich VIII. und seine Tochter Elisabeth, die ihren Herrschaftsbereich in Irland erweitern wollten, besiedelten die Insel mit treuen Untertanen aus England.

Nach der »Glorious Revolution« 1688 in England und der Niederlage des katholischen Königs Jakob II. gegen seinen Schwiegersohn Wilhelm von Oranien in der Schlacht am Boyne zwei Jahre später wurden irische Katholiken aus dem Parlament, dem Heer, den Verwaltungen und der Justiz entfernt. 1782 milderte das englische Parlament die Strafgesetze, dem irischen Parlament wurde weitgehende Unabhängigkeit eingeräumt. Dublin nahm erneut einen Aufschwung. Die Masse der Katholiken war jedoch verarmt und besaß kein Wahlrecht. Ihre Aufstände, inspiriert von der Französischen Revolution, scheiterten mehr oder weniger kläglich. Die englische Regierung reagierte 1801 mit dem »Act of Union«, durch den Irland unter die Direktherrschaft von London kam. Über Nacht wurde aus der Hauptstadt Dublin eine unbedeutende Provinzstadt. Die Kartoffelpest Mitte der vierziger Jahre des 19. Jahrhunderts hatte katastrophale Folgen. Tausende strömten in der Hoffnung auf Nahrung vom Land in die Hauptstadt, fast eine Million Menschen verhungerte oder starb an Typhus. Bis 1900 wanderten zweieinhalb Millionen in die USA aus.

Die nationalistischen Ideen, die nach der Hungersnot vorübergehend in den Hintergrund getreten waren, hatten jedoch nach wie vor Zündkraft und führten zur Gründung zahlreicher Organisationen, die für die irische Unabhängigkeit eintraten. 1916 kam es in Dublin zum Osteraufstand, der jedoch schon nach fünf Tagen niedergeschlagen wurde. Die Rebellenführer wurden hingerichtet. Doch bei den Wahlen 1918 erzielte Sinn Féin, die Partei der Rebellen, einen deutlichen Wahlsieg und rief die Republik aus. Die britische Regierung erklärte das Parlament für illegal. Der folgende Unabhängigkeitskrieg endete mit der Teilung der Insel und der Gründung des Freistaats Irland – damit war der Grundstein für den Konflikt gelegt, der Ende der sechziger Jahre in

Nordirland, das bei Großbritannien verblieben war, wieder ausbrach.

Der Freistaat, der 1949 zur Republik wurde, war bis in die sechziger Jahre von Entwicklungen in Europa isoliert. Sean Lemass, 1959 zum Premierminister gewählt, leitete dann eine Periode der Öffnung nach außen ein. 1972 trat Irland in die Europäische Gemeinschaft ein. Und nicht zuletzt mit Hilfe der Gelder aus Brüssel wurde Dublin zu dem, was es heute ist: eine lebendige und moderne Metropole.

Guinness is good for you

Hinter der massiven Christ Church, einer der beiden protestantischen Kathedralen Dublins, liegen die »Liberties«, das älteste Arbeiterviertel der irischen Hauptstadt. Die kleinen, roten Backsteinhäuser standen im Lauf der Jahrhunderte oft im Mittelpunkt der turbulenten irischen Geschichte: Hier planten Rebellen Aufstände, versteckten ihre Waffen und gründeten sozialistische Parteien. Auch heute noch gehört das Viertel mit seinen Kneipen, kleinen Läden und Straßenhändlern zum Lebendigsten, das Dublin zu bieten hat. Der Malzgeruch, der durch das Viertel zieht, kommt aus der nahegelegenen Guinness-Brauerei. Die großen, blauen Eingangsportale säumen die Thomas Street zu beiden Seiten. Die Brauerei zieht sich bis an den Fluß Liffey hinunter, aus dem sie auch das Wasser bezieht. Den Verdacht, daß die Farbe des schwarzen Gebräus von der Dreckbrühe der Liffey herrührt, kann Guinness-Manager Pat Barry entkräften: »Wir nehmen das Wasser weiter oben an der Quelle«, sagt er. »Guinness ist wegen des gerösteten Malzes schwarz.« Das ist beruhigend.

Guinness ist der bei weitem bekannteste irische Exportartikel, obwohl der Biermulti seinen Hauptsitz längst in England hat. Viele Schriftsteller haben dem Getränk in ihren Werken ein

Denkmal gesetzt. Von der Krimi-Autorin Dorothy L. Sayers stammt der berühmteste Werbespruch: »Guinness is good for you.« Doch nicht alle Dichterworte sind für die Guinness-Werbemanager zitierfähig. So sinnierte Leopold Bloom in James Joyces »Ulysses«: »Fässer voller Porter, wunderbar. Da sind auch Ratten drin. Saufen sich voll, bis sie wie Wasserleichen aussehen. Und so was trinkt man nun. Das muß man sich mal vorstellen. Rotz, Kotz. Na ja, wenn wir alles wüßten.«

Die Brauerei wurde 1759 von Arthur Guinness gegründet, der das Grundstück in einem Anflug von Optimismus gleich für neuntausend Jahre zum Preis von 45 Pfund pro Jahr gemietet hatte. Im selben Jahr erschien Halleys Komet. »Der Komet hat schon immer Großes angekündigt«, behauptet Pat Barry. Bier war im Irland des 18. Jahrhunderts besonders auf dem Land nahezu unbekannt. Die Iren tranken stattdessen Whiskey, Gin und vor allem Poitín, jenen hausgebrannten, farblosen Schnaps, dem damals wundersame Heilkräfte nachgesagt wurden. So sollte er unter anderem »Fleischwürmer töten, die jugendliche Kraft verstärken, den Darmwind pfeifen lassen und das Herz erleuchten«. Ein Jahr später verabschiedete die Regierung ein Gesetz, das die private Herstellung von Schnaps untersagte. Dadurch wurde die Hälfte der irischen Bevölkerung über Nacht zu Kriminellen.

Die Guinness-Brauerei bestand anfangs aus einem Kupferkessel, einem Maischbottich, einer Getreidemühle, zwei Malzhäusern, zwölf Pferden sowie einem Dachboden mit zweihundert Tonnen Heu. Arthur Guinness braute zunächst helles Bier und englisches Ale. Erst später stieg er auf das dunkle Porter um, das deshalb so hieß, weil es bei den Gepäckträgern, den *porters,* im Londoner Covent Garden so beliebt war. Aus dem Porter wurde schließlich das stärkere Stout, das den Firmennamen in aller Welt bekannt gemacht hat. Als Halleys Komet im 19. Jahrhundert wieder auftauchte, war Guinness bereits die größte Brauerei Irlands und Anfang des 20. Jahrhunderts sogar die größte der Welt. Der Werbefilm, der in dem zum Besucherzentrum umgebauten ehemaligen Hopfen-Lagerhaus gezeigt wird, erzählt allerlei reklameträchtige Anekdoten. So soll eine Expedition 1927 am Nordpol vier Flaschen Guinness gefunden haben, die von einem anderen Forschungsteam 18 Jahre zuvor dort zurückgelassen worden waren. Und der Schriftsteller Robert Louis Stevenson soll auf seiner Reise nach Samoa einen Kasten des schwarzen Gebräus als Reiseproviant mitgenommen haben.

Heute hätte er das nicht mehr nötig. Guinness gibt es inzwischen in über 120 Ländern, 22 Brauereien stellen das irische Nationalgetränk im Ausland her. Das Dubliner Stammhaus produziert täglich 1,4 Millionen Liter, vierzig Prozent davon für den Export. Der Alkoholgehalt wird für den Export der »landesüblichen Trinkstärke« angepaßt: Während das Guinness in Irland nur vier Prozent enthält, beträgt der Alkoholgehalt in afrikanischen Ländern das Doppelte. Für den Transport nach Wales und in den Westen Englands wurden bis vor kurzem die beiden braunen Guinness-Schiffe benutzt, die weiter flußabwärts vertäut waren. Früher bestanden einmal Pläne, eine Pipeline von der Brauerei zu den Booten zu legen, weil die Liffey auf der Höhe der Brauerei für die Boote zu flach ist. Die Idee wurde jedoch aufgegeben, weil die Gefahr, daß die Pipeline unterwegs angezapft werden könnte, als durchaus realistisch eingeschätzt wurde. So mußten die Fässer weiterhin mit Lastwagen zum Hafen transportiert werden.

Natürlich hat die Brauerei heute keine Ähnlichkeit mehr mit der Produktionsstätte der Gründungszeit. Es geht hochtechnologisch zu: Alufässer rollen auf Förderbändern, Pipelines versorgen die verschiedenen Braustationen. Die Zutaten haben sich jedoch nicht geändert, heißt es in der Werbebroschüre: »Die einzigen Zutaten, die zum Brauen von Guinness verwendet werden, sind Gerste, Hopfen, Wasser, Hefe und die menschliche Hand.« Deshalb habe das Produkt auch immer dem deutschen Reinheitsgebot entsprochen und werde schon seit den dreißiger Jahren nach Deutschland exportiert, sagt Pat Barry stolz.

In Irland ist Guinness längst eine Institution. Unter Experten – und wer ist das nicht – spricht es sich schnell herum, wo ein gutes *pint* gezapft wird. Das *pint,* jene magischen 0,56 Liter, ist die Maßeinheit, um die sich im Pub alles dreht. Zwar ist Irland seit dem EG-Beitritt allmählich dezimalisiert worden, doch das *pint* hält allen Angriffen stand. Weicht die Qualität des Guinness auch nur eine Nuance vom hohen Anspruch der Trinker beiderlei Geschlechts ab, so nimmt der Wirt das *pint* anstandslos zurück – selbst wenn das Glas schon fast leer ist, weil die halbe Kneipe davon probiert und dem Gebräu Ungenießbarkeit bescheinigt hat. Keiner anderen Biersorte widerfährt auch nur ein Bruchteil dieser Aufmerksamkeit. Inzwischen ist es den Guinness-Laboren gelungen, das »gezapfte« Guinness in eine Dose zu zwängen. Auf dem Boden der Dose befindet sich eine Plastiktasche mit komprimiertem Guinness, die beim Öffnen des Verschlusses platzt und dem Stout zu seiner sahnigen Blume verhilft. Ein Triumph des Fortschritts: Bisher wurde dem »gezapften Guinness in Flaschen« nämlich eine Plastikspritze beigegeben, mit deren Hilfe die Trinker mühsam Luft in das Getränk pumpen mußten, um die Illusion eines richtigen *pint*s wie im Pub entstehen zu lassen.

Die Pubs, von denen es alleine in der Republik Irland über zehntausend gibt, sind Mittelpunkt des sozialen Lebens. Auf 350 Einwohner kommt ein Pub, doch an Wochenenden reicht das manchmal nicht aus. Billig ist das Vergnügen nicht. Noch keine irische Regierung konnte der Versuchung widerstehen, die Schwäche ihrer Landsleute auszunutzen und die Alkoholsteuern zu erhöhen. Das *pint* kostet inzwischen rund drei Euro, was dem Run auf die Theke kurz vor der Polizeistunde aber keinen Abbruch tut. Trotz ihres Rufes sind die Iren beim Alkoholkonsum keineswegs Weltspitze. Das liegt an der hohen Kinderzahl, die den Durchschnittsverbrauch drückt, und an den Temperenzlern. Jene von Father Matthew 1838 gegründete Abstinenzlerbewegung zählt in Irland immerhin eine Viertelmillion Mitglieder.

Guinness – auf Imagepflege bedacht – hat sich zwar nicht den Temperenzlern, jedoch der Kampagne für moderaten Alkoholkonsum angeschlossen. Bisher noch ohne sichtbaren Erfolg: Die Iren geben im Jahr 12,5 Prozent ihres Einkommens für alkoholische Getränke aus, wovon Guinness den Löwenanteil einstreicht: 47 Prozent des Bierkonsums entfallen auf Stout. Im Gegenzug läßt sich die Guinness-Brauerei freilich nicht lumpen. Zwar werden in den Brauereien dank der Modernisierungen immer mehr Leute entlassen, aber die Arbeitslosen dürfen in den Häusern der Liberties wohnen, die mit dem Geld der Guinness-Dynastie saniert wurden; sie können in Parks spazierengehen, die vom Familienclan gestiftet wurden;

oder sie können kulturelle Veranstaltungen besuchen, die von dem Biermulti gesponsert werden. Der Dubliner Schriftsteller Oliver St. John Gogarty geriet bereits 1925 ob der Wohltätigkeiten des Konzerns in Verzückung: »Jedenfalls, dort unten liegt die große Brauerei, die mehr für Dublin getan hat als irgendeine seiner Institutionen. Was für eine wunderbare Verbindung Guinness schafft: Du kannst für bessere Wohnungen der Armen trinken, du kannst dich in St. Stephen's Green hineintrinken, oder wenigstens in die Würdigung derjenigen, die der Stadt den Park gaben; du kannst dich sogar, wenn du willst, in Armut trinken und dich zum Gegenstand, wenn nicht gar zum Spender der Wohlfahrt machen.«

So braucht den Guinness-Aktionären vor dem Jahr 10759, wenn der Mietvertrag für das Brauereigelände abläuft, nicht bange zu sein. Ohnehin hat man vorgesorgt und »diversifiziert«. Die Liste ist lang: helles Bier und schottischer Whiskey – was 1987 nicht ohne einen handfesten Börsenskandal abging; Autos und Fleisch, Blumenzucht, Pharmazeutika und Bootsferien auf dem Shannon, Elektronik und Buchverlage. Das »Guinness-Buch der Rekorde« ist inzwischen in zwei Dutzend Sprachen übersetzt und wird bei über sechzig Millionen verkauften Exemplaren nur von der Bibel übertroffen. Doch Bücher, Computer und Blumen kann man nicht trinken. Die Iren folgen lieber

Oliver St. John Gogartys Maxime: »Trink, bis du die Enten in deinem Seidel schwimmen siehst. Trink deine Leber ins Martyrium.«

Wo Rottweiler nur paarweise herumliefen

Bei Sonnenschein ist es vielleicht einer der schönsten Arbeitsplätze Dublins. Paolo Foley öffnet die Hintertür seiner Werkstatt für Theaterkulissen, und man tritt auf eine schmale Betonbrüstung direkt über der Liffey. »Anna Livia Plurabelle«, so hat James Joyce den Fluß genannt, der durch seine Heimatstadt fließt. Heutzutage haben die Dubliner einen weniger schmeichelhaften Namen dafür: »Sniffy Liffey«, die stinkende Liffey.

Jahrzehntelang hat man den Fluß vernachlässigt, er wurde als Müllkippe mißbraucht, die Gebäude an den Uferstraßen verkamen, die Menschen zogen weg. Jetzt soll alles anders werden. »Bald reißen sie unsere Werkstatt und die anderen ehemaligen Lagerhäuser am Fluß ab«, sagt Paolo Foley. »Stattdessen wird eine Uferpromenade angelegt. Bis vor dreißig Jahren wurden hier noch Rinder verladen und nach Liverpool verschifft.« Einige Rampen, über die man die Tiere auf die Schiffe getrieben hat, ragen noch von der Betonbrüstung hinter seiner Werkstatt auf den Fluß hinaus.

Vor dem Eingang von Foleys Werkstatt steht das alte Liverpool-Hotel, ein roter Backsteinbau, in den längst die Eisenbahngesellschaft eingezogen ist. Es ist eines der wenigen Gebäude, das den gigantischen Entwicklungsplan für die verlassenen Hafendocks überstehen wird.

»Da drüben«, sagt Foley und zeigt ans andere Ufer, »werden Wohnungen für fünfzigtausend Menschen gebaut, dazu Hotels, Parkanlagen und ein Einkaufszentrum.« Daneben, auf der Poolbeg-Halbinsel, die in die Bucht hineinragt, soll »Dublin Technopole« entstehen, ein High-Tech-Unternehmenspark nach Vorbild des französischen Montpellier. Das Grundstück gegenüber ist für den »Digital Park« vorgesehen, auf dem sich Unternehmen aus dem Telekommunikationsbereich niederlassen sollen.

Bis 2010 sollen im alten Hafengebiet vierzigtausend neue Arbeitsplätze entstehen. Damit auch die Anwohner davon profitieren, wird ein Bildungszentrum eingerichtet, in dem sie sich zielgerichtet ausbilden lassen können. Die Arbeitslosigkeit liegt in dieser Gegend bei dreißig Prozent, von den 21.000 existierenden Jobs sind gerade mal acht Prozent mit Anwohnern besetzt. Das will man auf dreißig Prozent steigern. Viele Alteingesessene mußten dem Megaprojekt freilich bereits weichen. Das grünverglaste internationale Finanzzentrum, Symbol für den irischen Wirtschaftsaufschwung mit Wachstumsraten um acht Prozent bei niedriger Inflation, hat sich bis in die Sheriff Street ausgedehnt, die Bewohner sind in die Vororte umgesiedelt worden – zur Erleichterung der Polizei, denn die

Straße galt als Hort des Verbrechens. Die Beamten hatten sich nur selten in die Straße gewagt, selbst die Rottweiler sollen dort »nur paarweise herumgelaufen« sein, wie ein Polizist meinte. Aus und vorbei, jetzt stehen nur noch ein paar alte Schuppen am Straßenrand, und auch die werden weichen, wenn der Connolly-Bahnhof ausgebaut wird.

Das Docklands-Projekt ist der größte städtebauliche Entwicklungsplan in der irischen Geschichte, insgesamt wird es 1,6 Milliarden Pfund kosten, wovon 1,3 Milliarden aus dem privaten Sektor kommen sollen. Man lockt die Investoren mit staatlichen Beihilfen für Arbeitsplätze und einer Gewinnsteuer von nur zehn Prozent.

Bei der Planung der Docklands wurden nicht nur Experten aus Politik und Wirtschaft, sondern auch aus Kultur, Bildung und dem sozialen Bereich zu Rate gezogen. Es soll ein Konferenzzentrum und ein Wissenschaftsmuseum geben, das Point Depot an der Mautbrücke bietet schon seit den neunziger Jahren Platz für Rockkonzerte, Theaterveranstaltungen und den Eurovisions-Songcontest, wenn die Iren das europäische Wettsingen denn mal wieder gewonnen haben und es im Folgejahr ausrichten müssen. Man hatte den Unternehmer Harry Crosbie, dem das Gebäude und zahlreiche Grundstücke in den Docklands gehören, damals für verrückt erklärt, als er das abgelegene alte Lagerhaus zu einem Konzertsaal umbauen ließ.

Was den öffentlichen Nahverkehr angeht, so hat man von Londons Docklands gelernt, wo Verkehrsstaus an der Tagesordnung sind. In Dublin soll die in den sechziger Jahren eingemottete Straßenbahn Wiederauferstehung feiern, die Nord-Süd-Bahn soll eine Station im Connolly-Bahnhof erhalten, der zu einem dichten Verkehrsknotenpunkt ausgebaut wird. Und auf der Liffey werden Wasserbusse in Richtung Innenstadt verkehren.

»Es ist ein tolles Projekt«, findet Paolo Foley, »schade, daß wir nicht mehr hier sein werden, wenn es fertiggestellt ist. Aber unsere Werkstatt ist bereits unsterblich: Hier wurden einige Szenen für den Film ›Der Boxer‹ mit Daniel Day-Lewis gedreht.«

Blasen voll flüssigem Samt

Verdammt, es ist Samstag. Im Hinterzimmer des Brazen Head spielt die Hausband, und sie ist laut. Die »Brazen Hussies« sind eine Art Folk-Skiffle-Gruppe, in ihren Liedern preisen sie die Rebellen und den Alkohol, und weil die Band beliebt ist, muß man sich den Weg an die Theke Zentimeter um Zentimeter erkämpfen. Mick ist jeden Samstag da, aber immer rechtzeitig, so daß er noch einen Platz am Tresen bekommt. Der Nachschub ist dadurch gesichert. Wie bewältigt er, blasentechnisch gesehen, die Unmengen Guinness, die er in sich hineinschüttet? »Ich pinkle an die Theke«, behauptet er, »das merkt bei dem Gedränge kein Mensch.« Ob das wahr ist, weiß man nicht, Mick neigt zum Flunkern. Ich beobachte ihn den ganzen Abend, er vertilgt ein *pint* nach dem anderen, aber er geht nicht auf die Toilette.

Früher lagen Sägespäne auf dem Boden, nicht wegen der Entsorgung der Getränke, sondern um die Spucke und das verschüttete Bier aufzusaugen. Es gab keinen Strom, und die Männer tranken Guinness aus Flaschen. Auch heute noch schwört manch alter Mann, vor allem auf dem Lande, auf Flaschen-Guinness, weil es »flüssiger« sei als der samtene *pint* vom Hahn und angeblich leichter durch die Kehle rinnt.

Das Brazen Head in der Bridge Street am Fluß Liffey ist die älteste Kneipe Irlands, wenn nicht sogar Europas, wenn die Werbung stimmt. Hier wurden schon vor achthundert Jahren Getränke ausgeschenkt, lange bevor man dafür eine Lizenz benötigte, das war ab 1635. Das jetzige Gebäude ist freilich jünger, es stammt aus dem Jahr 1700 und war einmal Halteplatz für die Pferdekutsche. Das Haus kommt einem windschief vor, wenn man den Innenhof betritt, und das ist es auch, seit ein britisches Kanonenboot während des Osteraufstands 1916 das Gerichtsgebäude auf der anderen Seite der Liffey beschoß und das Brazen Head von der Wucht der Explosion in seinen Grundfesten erschüttert wurde. Woher der Name der Kneipe stammt, weiß niemand genau, was allerdings kein Hinderungsgrund für eine Erklärung ist: »Brazen« bedeutet etwa »unverschämt«, und das bezog sich auf ein rothaariges Mädchen, das bei der Belagerung von Limerick im 17. Jahrhundert den Kopf zu weit herausgestreckt hatte, um das Geschehen besser verfolgen zu können. Sie soll von den Soldaten Wilhelms von Oranien geköpft worden sein. Die Entstehung des Kneipennamens ist jedenfalls allemal interessanter, als wenn das Lokal Gasthof zur Post heißen würde. Im Innenhof stehen ein paar Lampen mit eingebauter Gasheizung, damit trotz des irischen Klimas Sommergefühle aufkommen.

Über dem Eingang weist ein Schild auf das Brazen Head Hotel hin, aber Gäste beherbergt es schon lange nicht mehr. Ein John Langan übernachtete hier am 7. August 1726 und verewigte sich in der Fensterscheibe des Treppenhauses, in die er Namen und Datum einkratzte. Prominente Rebellen gingen im Brazen Head ein und aus, wie Theobald Wolfe Tone, der 1798 einen erfolglosen Aufstand anführte und sich in der Haft das Leben nahm. Sein Kampfgenosse Oliver Bond hatte sich mit einem Thomas Reynolds angefreundet und ihn regelmäßig im Brazen Head getroffen, doch Reynolds war ein Verräter, und bevor der Aufstand begann, wurden die meisten Anführer in Bonds Haus keine fünfzig Meter vom Pub entfernt verhaftet. Auch Robert Emmet hatte im Brazen Head gewohnt, bevor er 1803 eine Rebellion gegen die englische Herrschaft anzettelte und dafür hingerichtet wurde. Sein Schreibtisch steht noch immer im Obergeschoß. Im kleinen Schankraum, in dem ein Kronleuchter schummriges Licht wirft, hängt ein altes Plakat zum hundertsten Jahrestag des Aufstands. Selbst der Henker, der die schlimmsten Schurken ins Jenseits befördert hat, verkehrte im Brazen Head. Er hatte sogar sein eigenes Glas, denn die Kneipe war wie ein zweites Wohnzimmer für ihn. Als der Henker starb, und zwar, im Gegensatz zu seinen bedauerlichen Opfern, eines natürlichen Todes, da wurde sein

Glas weiter benutzt, denn jeder wollte mal aus des »*hangman's glass*« trinken.

Im ersten Stock des Brazen Head ist heute ein Restaurant untergebracht, doch darüber wollen wir den gnädigen Mantel des Schweigens breiten, denn eine Kneipe, so sagt der Belfaster Schriftsteller und Hooligan John McGuffin, ist nun mal zum Saufen da. Und das ist nicht nur Männersache. Irinnen waren dem Alkohol nie abgeneigt, wenn man einem Fynos Moryson glauben kann, der um 1600 schrieb: »Ich habe selbst gesehen und von anderen oft gehört, daß Damen so frei in diesen Ausschweifungen waren, daß sie auf den Knien lagen und einen Trunk nach dem anderen mit den Männern stürzten, gar nicht zu sprechen von den Frauen der irischen Lords, die trinken, bis sie betrunken sind oder wenigstens, bis sie in Anwesenheit der Männer ihre Blase erleichtern. Ich komme nicht umhin zu bemerken, daß irische Frauen die einzigen sind, die dieser Unsitte nachgehen, die ich noch nirgendwo beobachtet habe außer in Böhmen.« Pinkeln am Tresen? Ist Mick gar kein Ferkel, sondern pflegt lediglich einen alten Brauch?

Die blaue Tür mit der Nummer sieben

Am Morgen des 16. Juni Anno Domini 1904 zog der 38jährige Anzeigenakquisiteur Leopold Bloom die Tür seines Hause in der Eccles Street Nummer sieben hinter sich zu. Er ging an Larry O'Rourkes Kneipe vorbei und kaufte in Dlugaczs Metzgerei eine Niere. Auf dem Weg kam ihm in den Sinn, daß es »ein ganz schönes Geduldspiel wäre, quer durch Dublin, ohne an einer Kneipe vorbei«.

Jahr für Jahr, am 16. Juni, probieren es die Joyce-Anhänger aus: Blooms achtzehn Meilen lange Odyssee durch die irische Hauptstadt, die James Joyce in seinem Jahrhundertwerk »Ulysses« beschrieben hat, lockt die Joyceaner seit 1954, als der Tag zum ersten Mal gefeiert wurde, am »Bloomsday« nach Dublin. Manche kommen gar in edwardianischer Kleidung.

Die blaue Tür mit der Nummer sieben, hinter der der längste Tag der Weltliteratur begann, hängt freilich schon lange nicht mehr in der Eccles Street. Der Straßenzug gehörte dem katholischen Orden der Sisters of Mercy. 1967 ließen die unbarmherzigen Schwestern die Häuser abreißen, weil sie den Privattrakt ihres Mater-Krankenhauses erweitern wollten. Die berühmte Tür überlebte jedoch: John Ryan riß sich die Tür für seine Kneipe – The Bailey in der

Duke Street – unter den Nagel. Bei den Verhandlungen mit dem Orden war Fingerspitzengefühl vonnöten: Als er Joyce erwähnte, fragte die Oberschwester entsetzt: »Ist das etwa der heidnische Schriftsteller?« Ryan rettete die Situation, indem er sein Scheckbuch zückte und scheinheilig fragte: »Mir ist zu Ohren gekommen, daß ihr Orden zur Zeit etwas Schwierigkeiten im missionarischen Bereich hat?«

Bei der feierlichen Installierung der Tür im Bailey rief der Dichter Patrick Kavanagh: »Hiermit erkläre ich diese heilige Tür für unwiderruflich geschlossen!« Die Reliquie ließ das Ansehen der Kneipe in den Augen der Joyce-Fans über Nacht steigen. Bis dahin hatte zu Ryans Kummer die Kneipe Davy Byrne's auf der anderen Straßenseite das Joyce-Geschäft dominiert, weil sie einen entscheidenden Vorteil gegenüber dem Bailey hatte: Sie wird im »Ulysses« ausdrücklich erwähnt. Es sei ein »anständiges Lokal. Kein Schwätzer der Wirt. Gibt manchmal sogar einen aus.« Im Davy Byrne's nahm Bloom ein Gorgonzolasandwich und einen Burgunder zu sich, obwohl er eigentlich eine Vorliebe für gebratene Innereien und seidene Damenunterwäsche hatte. Das Käsesandwich wird im Davy Byrne's immer noch serviert, allerdings nur am Bloomsday.

Mit der berühmten Haustür konnte The Bailey etwas Boden gutmachen. Früher begann dort im Treppenhaus sogar der »Literary Pub

Crawl«, jene feucht-fröhliche Kneipenbegehung, die weltweit ihresgleichen sucht. Eine ganze Reihe irischer Schriftsteller war nämlich genauso trink- wie schreibfreudig und hat ihren Lieblingskneipen literarische Denkmäler gesetzt. The Bailey sollte der Erweiterung eines Kaufhauses weichen, doch die Stadtverwaltung stellte den Trinktempel unter Denkmalschutz, und so mußte das Kaufhaus um das Wirtshaus herumgebaut werden.

Die Stadtoberen haben nicht nur die Tür gerettet, sondern auch vierzehn Bronzetafeln im Zentrum in die Bürgersteige eingelassen, um den Ulysses-Wanderern die Romanstrecke zu weisen. Natürlich befindet sich eine davon vor Davy Byrne's. Auch viele andere Stationen auf Blooms Odyssee durch Dublin sind noch erhalten, zum Beispiel der Wehrturm von Sandycove. Joyce hatte dort fünf Tage lang mit dem Schriftsteller Oliver St. John Gogarty und dem Engländer Samuel Trench gelebt, rückte in der Nacht vom 14. auf den 15. September 1904 jedoch aus, nachdem Trench von einem schwarzen Panther geträumt und mit dem Gewehr um sich geschossen hatte.

Auch Sweny's Chemist Shop, wo Bloom ein Stück Zitronenseife kaufte, gibt es noch. »Drogisten ziehen selten um«, weissagte Bloom korrekt. Das gilt auch für die Toten auf dem Friedhof in Glasnevin, wohin der Romanheld mit drei anderen Trauergästen in einer Kutsche fährt. Neben den Straßen und Plätzen, die Bloom zwischen acht Uhr morgens und zwei Uhr nachts durchstreifte, existieren noch zahlreiche Läden und Wirtshäuser, die von den Joyce-Pilgern wie die Stationen des Kreuzes aufgesucht werden.

Joyce sagte einmal: »Als ich am Ulysses schrieb, versuchte ich, Farbe und Ton von Dublin mit meinen Wörtern wiederzugeben. Die eintönige, aber glitzernde Atmosphäre Dublins, seine halluzinatorischen Dünste, sein zerfetztes Durcheinander, die Welt seiner Bars, seine gesellschaftliche Unbeweglichkeit – sie konnten nur durch die Beschaffenheit meiner Wörter vermittelt werden.« Würde Dublin zerstört, so könnten seine Worte die Häuser wieder erbauen, wenn Dublins Bevölkerung ausgelöscht würde, könnten seine Bücher sie wieder bevölkern, schrieb C. P. Curran 1941 in einem Nachruf.

Joyce hatte 1924 die Frage notiert: »Wird sich jemand dieses Datums erinnern?« Der 16. Juni ist nicht nur in die Weltliteratur eingegangen, sondern die Romanfiguren haben ein Eigenleben begonnen. Als die Stadtverwaltung zur Förderung des Joyce-Tourismus eine Plakette an Leopold Blooms fiktivem Geburtshaus in der Clanbrassil Street anbrachte, erklärte ein Rentner: »Meine Schwester hat früher den Kamin für seine Mutter geheizt. Sie war sehr religiös, und der Herr Bloom hing sehr an ihr.«

The Diceman Cometh

Die sonst so belebte Grafton Street, Dublins vornehme Einkaufsmeile, stand still: Tausende von Menschen waren gekommen, um vom Diceman Abschied zu nehmen, als sein Sarg die Straße hinuntergetragen wurde. Bürgermeister John Gormley von der Grünen Partei hatte seine Amtsinsignien angelegt, eine Ein-Mann-Band spielte ein amerikanisches Volkslied. Die Grafton Street war zwölf Jahre lang die Bühne des Diceman gewesen.

Ein Vierteljahr zuvor hatte er Abschied von dieser Bühne genommen, mit 42 Jahren mußte er sich zur Ruhe setzen. Er gehörte zu Dublin wie die Liffey, die durch die Innenstadt fließt. Kinder und Erwachsene waren immer wieder in seinen Bann gezogen worden, wenn er wie eine bunt kostümierte Statue für ein Produkt oder ein Theaterstück warb. »Was die Grafton Street betrifft«, sagte der Schriftsteller Brendan Kennelly, »ist Thom McGinty der Ruhepunkt der sich drehenden Welt.«

Thom hatte Aids. »Ich kann nicht mehr arbeiten«, sagte er. »Die Kunden haben sich beschwert, weil ich mich immer wieder hinsetzen mußte.« Thom stammte aus dem Bergarbeiterdorf Glenboig bei Glasgow. Er studierte Wirtschaft an der Strathclyde-Universität, bevor er

1976 nach Dublin kam. Zunächst schlug er sich mit Betteln durch, bis er einen Job als wandelnde Reklametafel für einen Kramladen bekam, den »Diceman«. Der Laden machte ein paar Monate später dicht, der Name blieb. Fortan warb er in regloser Pose und in verrücktester Verkleidung für Filme, Theaterstücke, Geschäfte und Restaurants. Er rührte sich auch dann nicht, wenn Passanten handgreiflich feststellen wollten, ob er aus Fleisch und Blut war. »Aus unerfindlichen Gründen waren Frauen aller Altersgruppen scharf darauf, mich in den Hintern zu zwicken«, schrieb er in seiner Autobiographie, die er nicht mehr fertigstellen konnte.

Thom hat die St. Patrick's Day Parade in Moskau angeführt, trat als Mona Lisa im Louvre und auf der Grünen Woche in Berlin auf und warb auf Zypern für Gummistiefel – letzteres ohne Erfolg: »Man hatte mir erzählt, es sei Regenzeit, dabei brannte die Sonne herunter«, klagte Thom. Er ist als Gott und als Teufel, als Dracula, Engel, Clown und Ronald Reagan aufgetreten.

Als der Menschenauflauf täglich größer wurde, versuchte die Polizei, Thom wegen verbotenen Herumstehens zu vertreiben. Daraufhin entwickelte er seinen Gang in Superzeitlupe, der ihn berühmt machte. Ärger mit der Polizei gab es dennoch ab und zu. Als Thom im winzigen Schlüpfer und schwarzer Netzstrumpfhose die Rocky Horror Picture Show anpries, wurde er verhaftet und wegen Erregung öffentlichen Ärgernisses angeklagt. »Ich habe lieber Prostituierte, Junkies und Diebe um mich als verdammte Heuchler«, sagte Thom. Am Ende kam er mit einer Bewährungsstrafe davon, weil der Richter sich nicht noch lächerlicher machen wollte.

Das corpus delicti, die Netzstrumpfhose, wurde bei einer Benefizveranstaltung für ihn kurz vor seinem Tod versteigert. Sein Abschiedsauftritt war standesgemäß. Freunde hatten das Olympia-Theater ganz in der Nähe der Grafton Street gemietet und eine Galarevue organisiert. Vor dem Theater tobten die Clowns und Straßenkünstler herum und sorgten für ein Verkehrschaos. Auf der Bühne brachten Thoms Kollegen den zum Bersten gefüllten Saal zum Kochen. Als der Diceman, gehüllt in einen Flokati und von der Krankheit gezeichnet, zum Finale auf die Bühne trat und sich bei Dublin und den Dublinern bedankte, brachen viele in Tränen aus. »Ich möchte auf der Grafton Street sterben«, sagte Thom, »in einem Kleopatrakostüm, umgeben von einem Schwarm nackter nubischer Sklaven.«

In seinem letzten Auftritt in einer Fernsehtalkshow wollte Thom ein Bild von sich als Mensch vermitteln, der »mit Aids lebt – und nicht als einer, der daran stirbt. Es ist ein neues, anderes Leben, aber es ist immer noch ein wunderbares Leben.« Als er sich selbst aus dem

Krankenhaus entließ, gaben ihm die Ärzte sechs bis neun Monate. Drei Tage später starb Thom im Schlaf. Am Vorabend war er noch im Pub gewesen.

Als der Trauerzug vor Bewley's Café, wo Thom sich im Winter oft aufgewärmt hatte, kurz anhielt, legten die fliegenden Blumenhändler der Grafton Street einen riesigen Blumenstrauß auf den Sarg. »Es ist so, als ob er heute dabei wäre«, sagte eine Freundin von Thom, die eine seiner Masken mitgebracht hatte. »Die Feier hätte ihm sicher gefallen. Es ist schwer, sich Dublin ohne ihn vorzustellen.«

Fish and Chips

Fisch gilt in Irland schon lange nicht mehr als Strafe. Früher, als freitags Fleisch verboten war, büßte man für seine Sünden mit einer Fischmahlzeit, auf deren Zubereitung entsprechend wenig Phantasie verwendet wurde. Seit der Lockerung des katholischen Dogmas haben die Iren die Fischküche entdeckt, zahlreiche Sea Food-Restaurants nutzen endlich die Vorteile der Insellage.

Fish and chips war freilich schon immer eine Ausnahme. Der frittierte Fisch im Teigmantel mit einer Tüte Pommes frites erfreut sich seit hundert Jahren großer Beliebtheit. »Wer glaubt, daß man bei der Zubereitung nichts falsch machen kann, irrt gewaltig«, sagt Christy, der seit zwanzig Jahren in Leo Burdocks Laden Fisch brät. »Der Teig darf nicht so dick sein, daß man den Fisch darin suchen muß, und die Pommes frites dürfen nicht so dünn sein, daß man gleich ein Dutzend in den Mund stopfen muß.« Bei Burdock's sind die Chips »fingerdick und handgeschnitzt«, sagt Christy. Der Teig für den Fisch besteht nur aus Mehl und Wasser.

Der Geruch von heißem Öl und Fisch zieht einem schon in die Nase, wenn man Christ Church Place in Richtung Werburgh Street überquert. Leo Burdocks *Fish-and-chip*-Laden, gegründet 1913, liegt gleich neben dem vornehmen Lord Edward, Dublins allererstem Fischrestaurant, von dem Burdock sein Geschäft gemietet hat. Mehr als ein halbes Dutzend Kunden passen nicht in den winzigen Laden. Abends nach der Sperrstunde stehen die Menschen manchmal bis zur Ecke Schlange, während im Lord Edward wochentags viele Tische leer bleiben. »Wenn man nebenan essen will, muß man Geld haben«, sagt Christy. »Zu uns kommen Arbeitslose und Millionäre, Professoren und Penner.« Der bekannteste Obdachlose war Johnny Fourty Coats, der seine ganze Habe stets am Körper trug. Er hatte selten Geld, wurde jedoch bei Burdock's nie mit leerem Magen weggeschickt.

Im Schaufenster des Ladens steht ein behelmter Plastik-Wikinger im Burdock's-T-Shirt, der seine batteriebetriebenen Arme und Beine unermüdlich von Mittag bis Mitternacht bewegt, als ob er einen Kabeljau aus dem Meer zöge. An der holzgetäfelten Wand neben dem Tresen hängt ein Plakat mit dem Stammbaum der Wikingerkönige, die in Dublin vom 10. bis zum 12. Jahrhundert das Sagen hatten.

»Die Wikinger landeten 988 keine dreihundert Meter von hier«, sagt Christy. »Gleich gegenüber, wo heute die Christ Church Cathedral steht, hat Wikingerkönig Sitric im 11. Jahrhundert eine Holzkirche bauen lassen.« Während er erzählt, wälzt er die Fischfilets im flüssigen Teig und gibt sie vorsichtig in die Fritteuse. Leo Burdock, der Firmengründer, war der Urgroßvater des jetzigen Besitzers. »Von Anfang an gab es hier nur *fish and chips*«, sagt Christy. »Mit Schnickschnack wie Hamburgern oder Würstchen haben wir uns nie abgegeben. Wir verkaufen nur sechs verschiedene Sorten Fisch: Rochen, Schellfisch, Wittling, Scholle sowie frischen und geräucherten Kabeljau.«

Sitzplätze gibt es nur bei schönem Wetter gegenüber auf der Parkbank. Ein Gourmetmagazin gab vor Jahren einen anderen Tip: den Wagen vor der Tür mit laufendem Motor stehen lassen und nach Erwerb der Ware im Eiltempo nach Hause, wo Meersalz, Essig und Ketchup aus biodynamisch angebauten Tomaten beigegeben werden. Keinesfalls sei ein Teller zu verwenden, hieß es weiter, sondern man esse von dem Zeitungspapier, in das der Fisch und die Pommes frites eingewickelt sind.

Zeitungspapier ist inzwischen verboten. »Die EU schreibt Wachspapier vor«, sagt Christy leicht amüsiert. »Dabei hat man in England und in Irland mehr als hundert Jahre lang *fish and chips* in Zeitungen eingewickelt, ohne daß sich jemand an der Druckerschwärze vergiftet hätte.« Die schnelle Mahlzeit kam aus Nordengland über die Irische See: Nach der industriellen Revolution hatten die Frauen, die in den Spinnereien arbeiteten, nicht viel Zeit zum Essen. Sie versorgten sich mit Fisch, der von

Wanderverkäufern in großen Töpfen über Kohlefeuern gebraten wurde.

Warum aber ist Burdock's der beliebteste »Chipper« Dublins? Am dünnen Teig und den dicken Pommes frites allein kann es nicht liegen. »Wir holen jeden Morgen frischen Fisch vom Markt«, sagt Christy. »Unsere Portionen sind überaus großzügig bemessen, niemand soll danach noch Hunger haben. Und dann ist da natürlich noch unser Spezial-Malzessig.« Auf dem gelben Resopaltisch an der Wand neben dem Tresen stehen Limonadenflaschen voll Essig, den die Kunden über ihre Mahlzeit schütten. »*Fish and chips* ohne Essig ist wie Austern ohne Zitrone«, sagt Christy. Manche bringen leere Flaschen mit und lassen sich einen Liter von dem Essig abfüllen. Er wird seit 1913 nach demselben Geheimrezept hergestellt.

Am besten verkaufe sich der frische Kabeljau. »Den bestellt auch Naomi Campbell stets, wenn sie in Dublin ist«, sagt Christy und versucht, möglichst beiläufig zu klingen. Das Fotomodell führt die Liste der prominenten Kundschaft an, die in »Burdock's Hall of Fame« über dem gelben Resopaltisch verzeichnet ist: Mick Jagger und U 2, Liam Neeson, Sinead O'Connor und Rod Stewart, Tom Cruise, Bruce Springsteen und selbst Edith Piaf haben sich bei Burdock's die Hände fettig gemacht.

Auch Ivan Beshoff zählte zu den Kunden, bevor er seinen eigenen »Chipper« aufmachte.

Beshoff war 1912 aus Rußland gekommen. Eigentlich wollte er nach Amerika auswandern, weil er einen Bruder in Chicago hatte, der für Al Capone arbeitete. Beshoff verpaßte jedoch das Schiff und blieb auf der Grünen Insel. Zunächst handelte er mit russischen Ölprodukten, doch dann machte er sein eigenes *fish-and-chip* Lokal auf. Später kamen zwei Filialen hinzu. Beshoff stand noch mit 83 hinter dem Tresen, dann wurde es seiner Frau zu bunt. Die beiden Niederlassungen in der Dubliner Innenstadt sind heute verpachtet, das Geschäft in Clontarf führt der Enkel John Beshoff.

»Großvater konnte unvorstellbare Mengen an Alkohol vertragen«, sagt er. »Er kippte sich schon zum Frühstück einen Whiskey in den Tee. Zu seinem hundertsten Geburtstag kamen die Verwandten aus Amerika. Sie waren hellauf entsetzt, weil wir nicht einschritten, als sich Großvater am Nachmittag die zweite Flasche Whiskey zu Gemüte führte.« In seinen Läden wurde jedoch nie Alkohol ausgeschenkt, obwohl man die Mahlzeit dort an kleinen Tischen einnehmen kann. »Das liegt an den strengen Auflagen für Alkohollizenzen«, sagt John Beshoff. »Und wahrscheinlich war es für meinen Großvater und das Geschäft auch besser so.«

Trotz des Alkoholkonsums war der Alte erstaunlich fit. »Mit neunzig strich er sein Haus, fiel jedoch von der Leiter und bekam ein Plastikhüftgelenk«, sagt John. »Das hinderte ihn aber nur vorübergehend an seinem sonntäglichen Spaziergang an der Dubliner Bucht. Er liebte den Hafen.«

Dublins Hafen wurde von einem berühmten Seefahrer entworfen: Admiral William Bligh, der 1772 bis 1775 mit James Cook um die Welt gesegelt und 1789 von Meuterern seines Schiffs »Bounty« bei den Tonga-Inseln ausgesetzt worden war. Weil das Wasser in der Dubliner Bucht bei Ebbe keine zwei Meter tief war und große Schiffe in Dublin gar nicht anlegen konnten, zog die Stadtverwaltung Experten zu Rate. Bligh fertigte im Jahr 1800 eine Karte der Dubliner Bucht an und schlug eine Reihe von Verbesserungen vor, darunter den Bau der beiden Mauern »Bull Wall« und »South Wall«, der den Hafen auch für größere Frachter schiffbar machte. Blighs Bericht und seine Karte liegen heute im Archiv der Hafenbehörde.

Die Geschichte vom Kapitän der Bounty faszinierte Beshoff, denn er selbst hatte an einer nicht minder berühmten Meuterei teilgenommen: Er war auf dem Panzerkreuzer »Potemkin« zur See gefahren. 1905 brachte die Besatzung die Schiffsoffiziere um. 16 der Meuterer, die nach Rußland zurückgekehrt waren, wurden hingerichtet, Beshoff ließ sich vorerst nicht mehr in seiner Heimat blicken. Er kam nur noch einmal in den zwanziger Jahren nach Rußland, als er seinen Freund Lenin besuchte, mit dem er in London drei Monate lang eine Wohnung geteilt hatte. Beshoff starb 1988 im Alter von 101 Jahren. Sein Vater war 106 Jahre alt geworden, sein Großvater hatte sich im Alter von 112 Jahren das Genick gebrochen, als er vom Pferd fiel.

Paddywood – eine ganz lange Glückssträhne

Als Michael Aherne die Menschenschlange vor dem Dubliner Mansion House sah, drehte er sich um und wollte gehen. Mehr als dreitausend Leute hatten sich für eine Rolle in Alan Parkers Film »The Commitments« beworben. Weil er als einziger einen dunklen Anzug trug, fiel Aherne jedoch einem Assistenten von Parker auf, und er fragte ihn, welches Instrument er spiele. Da man dringend einen Keyboard-Spieler benötigte, mußte Aherne nicht lange warten: Er bekam die Rolle als Stephen »Soul Searching« Clifford, einer der zwölf Commitments, die allesamt von Amateuren gespielt wurden.

Roddy Doyles Barrytown ist in Wirklichkeit Kilbarrack, ein Arbeiterviertel im Norden Dublins. Bis vor wenigen Jahren war Doyle dort Lehrer. Zwar geht es dort im richtigen Leben nicht so vergnüglich zu wie in seinen Romanen, wo die Welt der Arbeitslosen seltsam ländlich, das nächste Pub nicht weit ist und die Kids nicht auf Fahrrädern, sondern auf Ponys herumflitzen. Aber mit dem Arbeiterfilm der zwanziger Jahre, womöglich nach dem Vorbild von »Kuhle Wampe«, hat man in Irland nichts mehr zu tun – was sich nicht zuletzt dem belebenden Einfluß solcher Fernsehstationen wie Channel Four verdankt, die verfilmte Pamphlete ablehnen.

Die Anfangsszene der »Commitments« wurde in Sherriff Street gedreht, einer kleinen Straße in der Nähe des Hafens, die inzwischen dem Umbau der Hafenanlagen weichen mußte. Die Sherriff Street war auch Drehort für die Belfaster Straßenschlacht in Jim Sheridans Film »In the Name of the Father«, obwohl Belfasts Arbeiterviertel eigentlich mehr Ähnlichkeit mit englischen Industriestädtchen und ihren roten Backsteinreihenhäusern haben.

Für »Educating Rita« wurde Dublin zu Liverpool: Rita (Julie Walters) besucht ihren Englischunterricht im Trinity College, der »typisch englische Pub«, wo sie sich so unwohl fühlt, ist das typisch Dubliner Stag's Head, die Sommeruniversität das University College Dublin. Und als Frank in den Urlaub nach Frankreich fährt, kommt er nicht weiter als bis nach Maynooth, einen Vorort von Dublin, dessen Architektur dem Regisseur offenbar gallisch genug erschien.

Dublin wird gerne mal umgewidmet. So mußte es auch mehrmals für Berlin herhalten. Der »Blaue Max« von 1966 löste bei irischen Kinogängern Belustigung aus: Während im Vordergrund eine erbitterte Schlacht des Ersten Weltkriegs tobte, war im Hintergrund deutlich der Sugarloaf zu erkennen, der markanteste

Berg der Grafschaft Wicklow, südlich von Dublin. Der Streifen löste übrigens einen Boom von Filmen über den Ersten Weltkrieg aus, von denen die meisten im neutralen Irland gedreht wurden. »Der Spion, der aus der Kälte kam«, ein Thriller aus dem Kalten Krieg, wurde 1964 in Dublin gedreht. »Checkpoint Charlie« wurde auf dem Nord-Dubliner Smithfield Market nachgebaut, wo auch die Eröffnungsszene der »Commitments« gedreht wurde. Liz Taylor, die Richard Burton zu den Dreharbeiten beim »Spion, der aus der Kälte kam« nach Dublin begleitete, hat die irische Hauptstadt vermutlich in schlechter Erinnerung behalten: Bei der Schiffspassage mußte sie sich pausenlos übergeben, und kaum war sie in Dublin angekommen, wurde ihr der gesamte Schmuck geklaut.

Für Irland wurden die »Commitments« und Roddy Doyles berühmte Barrytown-Trilogie der Auftakt zu einer Art Royal Flush, dem eine lange Glückssträhne folgte, die der Grünen Insel schließlich den Spitznamen »Paddywood« einbrachte. Was da entstand, war gar nicht ohne Brisanz: Jim Sheridan drehte »In The Name Of The Father«, einen Film über die Guildford Four, die fünfzehn Jahre unschuldig in britischen Gefängnissen saßen – es gab ein Riesenecho vor allem in der britischen Presse. Der Film war sowohl die irische Version des Teenage-Rebellion-Films als auch etwas für die Veteranen des Befreiungskampfes – ein Zuschnitt, der sich in Irlands Kino oft bewährt hat. Selbst Disney kam nach Dublin mit dem bezeichnenden Titel »The Old Curiosity Shop«.

Neil Jordans »The Crying Game« hatte die irischen Identitätsprobleme sogar noch mit gewagten sexuellen Konstruktionen versetzt. Sein darauffolgender Film »Michael Collins« mit Liam Neeson und Julia Roberts feierte einen irischen Befreiungskämpfer, wiederum sehr zum Ärger der britischen Presse, die dem Film prompt historische Unzuverlässigkeit attestierte. Brenzlig waren auch »Some Mother's Son« und »Nothing Personal«, denn sie befaßten sich wieder direkt mit der neueren Geschichte des Nordirland-Konflikts. Die mageren achtziger Jahre sind vorbei, in der Filmbranche herrscht Vollbeschäftigung.

Was war geschehen, wie kam der Dubliner Filmboom zustande? »Section 35« heißt das Zauberwort. Das Gesetz aus dem Jahr 1987 erlaubt, Investitionen in die Filmindustrie von der Steuer abzusetzen. Fortan boomte das Geschäft, die Zahl der in Irland produzierten Filme vervierfachte sich 1993 im Vergleich zum Vorjahr auf 16, 1995 waren es sogar 18 große Spielfilme. »Es ist, als ob ein Hubschrauber Geld über Irland abwerfen würde«, freut sich Kevin Moriarty, Geschäftsführer der Ardmore Studios in Bray, einem Dubliner Vorort.

Der erste professionelle Film aus Irland war Robert Pauls »Whaling Afloat and Ashore« aus dem Jahr 1908, aber schon ab 1910 kamen die meisten »irischen Filme« anderswo her. US-Regisseur Sidney Olcott mit seiner Kalem Film Company drehte den ersten US-Film außerhalb der USA: »The Lad From Old Ireland«. Die Sache war so erfolgreich, daß Olcott jeden Sommer nach Irland zurückkam und neue Filme machte. Bis zum Ausbruch des Ersten Weltkriegs entstanden dreißig Filme, die meist irisch-amerikanische Immigration oder Remigration behandelten. Sogar D.W. Griffiths »Birth Of A Nation« entstand in jenem Old Ireland. Der zweite und letzte Film des Unternehmens war »Willie Reilly and His Colleen Bawn«, der von der Verbindung eines katholischen Mannes mit einer protestantischen Frau Mitte des 18. Jahrhunderts erzählt. Regisseur John MacDonagh wählte ein Pseudonym, weil er als IRA-Mitglied auf den Fahndungslisten stand. Sein Bruder Thomas hatte am Osteraufstand 1916 teilgenommen und war dafür hingerichtet worden.

So wurde das Bild der Iren, das man sich im Ausland machte, von ausländischen Filmen mit den entsprechend archaischen Klischees geprägt, zum Beispiel in »The Quiet Man« von 1952, einem irischen Western mit John Wayne und Maureen O'Hara, und in »Ryan's Daughter« von 1971, einem monumentalen Melodram vor dem Hintergrund des Osteraufstands im Jahr 1916. In beiden Filmen werden die Iren vor allem als gewalttätig, einfach und trinkfreudig dargestellt. Das nehmen sie nicht weiter krumm – im Gegenteil: Das alte Schulhaus auf der Dingle-Halbinsel aus »Ryan's Daughter« ist ein beliebter Ausflugsort, und im Juni 1996 wurde in Cong, dem Drehort von John Fords »Quiet Man«, ein Besucherzentrum rund um den berühmten Film eröffnet. Jedes Jahr im Juli findet dort das »Quiet-Man-Festival« statt, dessen Krönung die Wahl des besten John-Wayne-Doppelgängers ist.

Selbst in »The Commitments« hat Regisseur Alan Parker noch ein eigenes Vorurteil eingebaut: Als der Musiker in der Kirche beichtet, daß er ständig ein bestimmtes, mit sexuellen Anspielungen gespicktes Lied von Marvin Gaye höre, korrigiert ihn der Pfarrer: »Es war Percy Sledge, der das Lied schrieb, mein Sohn.« Doyle sagt dazu: »Die Leute in meinen Büchern würden nie zur Kirche gehen, geschweige denn zur Beichte.«

Das schiefe Bild von Irland und den Iren kann nur durch die jungen irischen Regisseure geradegerückt werden. »Der neue irische Film deutet an«, sagt Luke Gibbons vom Irish Film Institute, »daß in der kritischen Beschäftigung mit der Vergangenheit, der Auseinandersetzung mit Tradition als Geschichte, das Kino eine zentrale Rolle übernehmen kann, indem es den Iren hilft, ein neues Selbstbild zu entwickeln.«

Die Iren gehen ständig ins Kino. Mit 2,8 Besuchen pro Person und Jahr liegen sie in Europa deutlich an der Spitze. Ihr allererstes Kino hieß Volta und wurde 1909 ausgerechnet von James Joyce eröffnet. Man gab nur italienische Filme! Inzwischen verschwanden das Regent und das Royal, aus dem Metropole und dem Capitol wurden Kaufhäuser, das Grand Central, das Astor, das Masterpiece und auch das Volta wurden abgerissen. Jetzt gehen die Leute nicht mehr in die traditionellen Häuser mit ihren großen Sälen, schweren Teppichen und samtenen Vorhängen, sondern in die Multiplexkinos. Auch die irische Filmindustrie hat endlich eine Heimat gefunden: das Irish Film Centre in Dublins Temple Bar, das im Herbst 1992 eröffnet wurde. Unter einem Dach sind dort zwei Kinos, das irische Filmarchiv, eine Filmbibliothek, ein Buchladen, ein Restaurant und ein Pub untergebracht. Das Filmarchiv arbeitet fieberhaft an der Erhaltung der bewegten irischen Filmgeschichte. Vieles ist jedoch für immer verloren. »Die Zerstörung der irischen Filmgeschichte ist beträchtlich«, klagte 1976 der Filmemacher und Archivar Liam O'Leary, »es ist kein Wunder, daß die jungen Leute nur wenig oder gar keine Ahnung von einem Medium haben, das das Leben der Nation mitbestimmt hat.«

Aber in Irlands Filmindustrie ist alles möglich. Das zeigt die Geschichte der Film Company of Bray. Das Unternehmen produzierte nur einen einzigen Film, doch dem war 1920 internationaler Erfolg beschieden. »Rosaleen Dhu« wurde von einem blinden Kameramann gedreht und von einem Barbiergehilfen entwickelt.

Der keltische Tiger

Der Apfelsinenverkäufer in der Obsthalle am Dubliner Smithfield-Markt schüttelt bedauernd den Kopf. »Kupfermünzen nehmen wir nicht mehr«, sagt er und schiebt die Pennies wieder zurück über den Tresen. »Das lohnt sich nicht, die Banken nehmen Gebühren, um das Kleingeld zu wechseln. Für mich ist es wertlos.« Der Obst- und Gemüsemarkt, wo die Ware billiger ist als in den Supermärkten, gehört eigentlich zum alten Dublin, wo man Kupfergeld noch genommen hat, doch seine Hallen werden bald modernen Appartements weichen. Zwar gibt es auf dem Platz vor der Markthalle noch immer am ersten Sonntag im Monat den Pferdemarkt, auf dem die Kinder aus den Vorortslums ihre Ponys kaufen und verkaufen, doch lange wird man sie dort nicht mehr dulden.

Smithfield, früher das Kleine-Leute-Viertel mit schmalen Gassen und Backsteinhäuschen, ist das neueste Sanierungsviertel der irischen Hauptstadt. Der Platz hat ein neues Kopfsteinpflaster und moderne Bogenlampen bekommen, und auf dem gut einen halben Hektar großen Gelände einer ehemaligen Whiskey-Brennerei gegenüber der Markthalle ist eine andere Welt entstanden: »Smithfield Village« mit einem hochtechnologischen Musikzentrum, einem Luxushotel, einer Einkaufspassage, einem Thai-Restaurant, zweihundert Appartements und dem zum Aussichtsturm umgebauten Schornstein der Brennerei, an dem ein gläserner Fahrstuhl außen hochsaust.

Es ist fast unvorstellbar, daß bis vor wenigen Jahren auf den Brachflächen in der Innenstadt Ziegen grasten, nur dreihundert Meter vom Smithfield-Markt entfernt. Inzwischen ist Baugelände im Zentrum kaum noch zu bezahlen. Irland boomt, und nirgendwo ist der »keltische Tiger«, wie das irische Wirtschaftswunder genannt wird, so sichtbar wie in der Hauptstadt. Der Grundstein für den Aufschwung wurde 1987 gelegt. Damals schlossen Gewerkschaften, Arbeitgeber, Bauern und Staat einen Sozialpakt, in dem sie Steuersenkungen, aber nur geringfügige Lohnerhöhungen vereinbarten – was freilich für viele Politiker nicht galt, die sich durch Bestechungsgelder in Millionenhöhe bereicherten, während sie der Bevölkerung Maßhalten verordneten. Der Sozialpakt galt zunächst für drei Jahre, wurde dann aber verlängert.

Gleichzeitig lockte die Industrieansiedlungsbehörde multinationale Konzerne mit niedrigen Körperschaftssteuern und schlüsselfertigen Fabriken nach Irland. High-Tech-Konzerne wie Intel und Gateway 2000, Microsoft und IBM, Dell und Lotus eröffneten Niederlassungen in Irland, Lufthansa, American Airlines und Korean Air haben ihre europäischen Buchungszentren auf die Grüne Insel verlegt, der Bankenmulti Citibank baut gerade eine neue Großfiliale. Die ausländischen Firmen tragen heute fast zur Hälfte zum Bruttoinlandsprodukt und zu sechzig Prozent zu den Exporten bei.

Zwischen 1987 und 2000 ist das Durchschnittseinkommen von zehntausend Pfund auf sechzehntausend Pfund gestiegen. Im selben Zeitraum hat sich das Bruttosozialprodukt verdreifacht, die Arbeitslosenrate liegt mit 5,8 Prozent nur noch ein Drittel so hoch wie damals, die Zahl der Langzeitarbeitslosen ist auf 1,6 Prozent gesunken. In den Zeitungen nehmen die Stellenanzeigen mehrere Seiten ein. Vor allem in der Informationstechnologie und im chemischen Bereich liegt Irland in Europa mit an der Spitze. Vierzig Prozent der Computersoftware, die in Europa über den Ladentisch geht, ist in Irland hergestellt. Intel produziert seine Chips auf der Grünen Insel, und Pfizer stellt hier den Grundstoff für Viagra her.

Sean O'Donoghue, ein 27jähriger IT-Experte, wollte eigentlich in die USA auswandern, wie so viele Iren vor ihm, hat sich dann aber dagegen entschieden. »In Irland sind die Löhne zwar niedriger, aber die Lebensqualität ist besser.« Gleich darauf relativiert er das jedoch: »Die Zahl der Autos hat sich in den letzten zehn Jahren mehr als verdoppelt, Dublin steht kurz vor dem Verkehrsinfarkt.« Hinzu kommt, daß Wohnraum in Dublin für Berufsanfänger unerschwinglich ist, nur in den Niederlanden sind Häuser in den Städten noch teurer. Da der öffentliche Nahverkehr für eine Großstadt mit einer Million Einwohnern völlig unzureichend ist, wälzt sich jeden Morgen eine riesige Blechlawine aus einem Umkreis von hundert Kilometern in die Dubliner Innenstadt und abends wieder hinaus.

O'Donoghue wohnt mit seiner Frau Marie in Kells, einer Kleinstadt vierzig Kilometer nordwestlich von Dublin. »Dasselbe Haus hätte in Dublin eine Viertelmillion Pfund gekostet«, sagt Sean, »hier draußen haben wir nicht mal die Hälfte dafür bezahlt.« Aber morgens braucht er eine Stunde zur Computerfirma, bei der er angestellt ist, abends manchmal noch länger. Marie arbeitet als Lehrerin in Nord-Dublin. 1987 hat nur gut ein Drittel der irischen Frauen außer Haus gearbeitet, heute ist es fast die Hälfte. Das hängt nicht nur mit dem gewachsenen Selbstbewußtsein der Frauen und dem schwindenden Einfluß der katholischen Kirche zusammen, die Frauen am liebsten immer noch an den Herd verbannen würde, sondern auch mit der Notwendigkeit: Löhne und Gehälter sind niedrig, die Preise hoch.

Der Wirtschaftsboom und die damit verbundenen gesellschaftlichen Veränderungen sind über Irland rasant hereingebrochen. Den Weg, für den andere Länder Generationen brauchten, hat Irland in gut zehn Jahren zurückgelegt. Es ist gar nicht so lange her, da war Irland die Speisekammer des britischen Weltreiches, der Aufbau einer eigenen Industrie wurde von der Kolonialmacht verhindert. Heute ist Großbritannien, neben den USA, der wichtigste Handelspartner. Nichts kennzeichnet den Wandel in Irland besser als die scheinbaren Nebensächlichkeiten: Privatkliniken werben für plastische Chirurgie und haben regen Zulauf, Tierärzte bieten Welpenpartys an, wo junge Hunde Sozialverhalten lernen können, und jede Woche machen zwei neue Restaurants auf.

Bei dem Tempo können manche nicht mithalten und bleiben auf der Strecke. Mehr als ein Fünftel aller Iren lebt unter der Armutsgrenze, so hat das Nationale Wirtschafts- und Sozialforum ermittelt. Das Forum macht die Regierungspolitik dafür verantwortlich: Im Entwicklungsplan sind Maßnahmen gegen die Armut nicht vorgesehen.

Schuld seien aber nicht nur die Politiker, findet Sean. Was ihn am meisten am neuen Irland stört, sind die Veränderungen seiner Mitbürger, die mit dem Boom einher gegangen sind. Der Umgangston sei rüder geworden, beklagt Sean, bei den früher so hilfsbereiten Iren habe sich Egoismus breit gemacht: »Die Großfamilie, die sich traditionell um Problemfälle in der Verwandtschaft gekümmert hat, gibt es immer weniger.« Und früher, so fügt er hinzu, lagen die Iren bei jeder internationalen Spendenaktion weit vorne, wenn man es auf die Bevölkerung umrechnete. Das ist heute längst nicht mehr der Fall.

Am schlimmsten aber sei der Rassismus, der seit ein paar Jahren offen zutage trete, meint Sean: »Millionen Iren sind im 19. Jahrhundert vor der Hungersnot in die USA, nach Australien und nach England geflohen. Sie haben nur überlebt, weil man sie dort aufgenommen hat. Das scheinen viele meiner Landsleute zu vergessen.« Es sind keineswegs Skinheads, die in Irland ihr rassistisches Unwesen treiben, Ausländerfeindlichkeit ist quer durch alle Altersgruppen und Berufsschichten verbreitet. Neulich ist ein Busfahrer verurteilt worden, weil er einen schwarzen Mitbürger als »Nig-nog« beschimpfte und ihm nahelegte, er solle »nach Hause verschwinden«. In Dublins Parnell Street demolierten angetrunkene Kneipengänger ein schwarzafrikanisches Geschäft, in der Pearse Street wurde ein weißer Engländer niedergestochen, weil er seiner schwarzen Frau beistand, in Waterford haben Jugendliche einem nigerianischen Flüchtling das Nasenbein gebrochen, in Tipperary ging ein Asylbewerberheim in Flammen auf. Zwischenfälle wie diese kommen fast täglich vor, jeder fünfte schwarze Asylbewerber ist bereits Opfer eines Angriffs geworden.

»Ich fahre mit dem Auto zur Arbeit«, sagt Dr. Pauline Chiwangu, Dozentin an der Universität Cork. Die in Tansania geborene Frau lebt seit zehn Jahren in Irland. »Als Schwarze durch die Straßen dieses Landes zu laufen, ist ein Albtraum. Du bist keine Stunde unterwegs, ohne daß dir jemand sagt, du verdammte Schwarze sollst in dein eigenes Land abhauen.« Chiwangu meint, man solle weniger über die Asylbewerber debattieren, als vielmehr überlegen, was man für die irische Bevölkerung tun könne, um ihr den plötzlichen Übergang zu einer multikulturellen Gesellschaft zu erleichtern.

Obwohl sie einen irischen Paß hat, geht sie am Flughafen bei der Einreise nach Irland stets durch die Kontrolle für Nicht-EU-Bürger. »Sie halten mich ja doch an und durchsuchen mich«, sagt sie. »Für die werde ich immer eine Ausländerin sein.« Auch im Connolly-Bahnhof in Dublin, wo die Züge aus Nordirland ankommen, winken Einwanderungsbeamte vor allem schwarze Menschen zur Kontrolle heraus. Und der Abgeordnete Jackie Healy-Rae aus dem Südwesten Irlands verteidigte seinen Sohn, einen Stadtverordneten, der Asylsuchende als »Schmarotzer, Gesindel und Strolche« bezeichnet hatte. Dabei ist die Zahl der Asylbewerber, verglichen mit anderen europäischen Ländern, verschwindend gering: Sie beträgt gerade mal 0,2 Prozent der Bevölkerung.

»Der Wirtschaftsboom hat eine Geldgier ausgelöst, die es früher nicht gab«, sagt Sean O'Donoghue. »Damals haben die Leute bereitwillig das Wenige geteilt, das sie hatten.« Die Veränderungen, so glaubt er, hängen auch mit dem Niedergang der katholischen Kirche zusammen, obwohl er deren Machtverlust im großen und ganzen begrüßt. »Aber sind die neuen Super-Einkaufszentren und Mammut-Bauprojekte es wert, wenn dabei die Gesellschaft zerfällt?«

Ein ganz normales Haus in einer ganz normalen Straße

In dem Zimmer stinkt es erbärmlich. »Gestern war es noch viel schlimmer«, meint Peter McVerry, »wahrscheinlich kommt das von einer toten Ratte unter den Fußbodenbrettern.« McVerrys Büro liegt im Souterrain des jesuitischen Ordenshauses in der nördlichen Dubliner Innenstadt. Zwar ist das Viertel nur einen Steinwurf vom relativ wohlhabenden Stadtteil Drumcondra entfernt, und auch zur Einkaufsmeile rund um die O'Connell Street sind es nur ein paar Schritte, doch in diesem Teil Nord-Dublins wechseln schäbige rote Backsteinhäuser mit Brachland und Ruinen ab. Dazwischen liegt der Francis-Xavier-Gemeindesaal, der mit Stahlgittern verbarrikadiert ist. Selbst die Jesuitenkirche um die Ecke in der Gardiner Street wirkt düster wie eine Festung.

McVerry, 52, hat kurze graue Haare und dichte, schwarze Augenbrauen. Er stammt aus Newry in Nordirland, was ein leichter Akzent noch immer verrät. Dabei ist er schon vor mehr als dreißig Jahren nach Dublin gekommen und hat am Jesuiten-College studiert. Seit 1970 ist er Pater. Eine Soutane trägt er schon lange nicht mehr. Er hat ein offenes Hemd und eine rote Windjacke an. In McVerrys Büro herrscht rege

Betriebsamkeit. Jugendliche gehen ein und aus, und Ben, der graue Mischlingshund, bellt jeden Neuankömmling an. Dennoch strahlt McVerry Ruhe aus, ist zu allen freundlich und lacht viel.

»Ich bin Priester geworden aus einem naiven, sehr unschuldigen Verlangen, den Menschen zu helfen«, sagt er. »Ich dachte, das ginge am besten, wenn ich Priester werde. Die Gründe, warum ich Priester geblieben bin, sind völlig andere. Ich bin fest davon überzeugt, daß Gott von uns ein starkes Engagement für diejenigen verlangt, die in unserer Gesellschaft an den Rand gedrängt sind.«

Das sind vor allem die obdachlosen Jugendlichen. Einige warten auf einer Bank im schmalen Flur vor seinem Büro, bis sie an der Reihe sind. McVerry ruft sie einzeln in sein Zimmer. Das Fenster ist vergittert, der Schreibtisch vollgepackt mit Papieren und einem antiken Computer, davor steht ein aufgeschlitztes braunes Kunstledersofa. Hinter dem Schreibtisch an der Wand ist mit einer Reißzwecke ein Foto befestigt, auf dem McVerry mit der früheren irischen Präsidentin Mary Robinson zu sehen ist. Er sei ein Heiliger, sagen viele. McVerry geht es aber nicht um die Erlösung nach dem Tod, sondern um die menschenwürdige Behandlung seiner Jugendlichen.

»Angefangen hat das, als ich eine Pfarrei in der Dubliner Innenstadt hatte«, sagt er. »Mir wurde schnell klar, daß die jungen Leute große

Probleme haben. Sie gehen früh von der Schule ab, manche schon mit neun oder zehn Jahren. Sie lungern auf der Straße herum, sind arbeitslos, kommen mit dem Gesetz in Konflikt und landen schließlich im Gefängnis.«

Der Niedergang der nördlichen Dubliner Innenstadt begann vor dreißig Jahren. Die traditionellen Arbeitsplätze im Hafen verschwanden mit der Einführung von Containern in den sechziger Jahren. Heute liegt die Arbeitslosigkeit in diesem Viertel weit über dem Landesdurchschnitt. Für eine solide Schulbildung der Kinder mangelt es an Geld und an Interesse. Die meisten lernen Lesen und Schreiben und suchen dann eine Stelle als Hilfsarbeiter. Das Viertel ist von Drogen überschwemmt, das Ausmaß ist mit New York vergleichbar. Viele Polizisten, so heißt es, stehen auf der Gehaltsliste der Drogenmafia.

»Wir boten zunächst traditionelle Leistungen an – Jugendclubs, Arbeitsbeschaffungsprogramme und so weiter«, sagt McVerry. »Im Lauf der Zeit fielen uns eine Reihe junger Leute auf, die auf der Straße lebten.« McVerry mietete eine Wohnung an und stellte sie den Jugendlichen zur Verfügung. Der Platz reichte schon nach wenigen Wochen nicht mehr aus, inzwischen betreut McVerry vier Wohngemeinschaften. »Die Jugendlichen haben eine schlechte Meinung von sich selbst«, sagt er, »sie fühlen sich vollkommen wertlos. Wir versuchen, ihnen ein Selbstwertgefühl zu vermitteln. Der erste Schritt dafür ist, ihnen ein Dach über dem Kopf zu besorgen. Aber noch viel wichtiger ist es, die irische Gesellschaft und die staatlichen Dienste in die Pflicht zu nehmen. Das ist weitaus effektiver, als immer mehr Wohnungen zu beschaffen und am Ende einen Nervenzusammenbruch zu bekommen, weil man nicht mehr weiß, wie man das alles finanzieren soll.«

Gegen Mittag lädt McVerry sechs Jugendliche und Ben, den Hund, in seinen verrosteten Kleinwagen und fährt zur Whitworth Road in Drumcondra. Vor einem Reihenhaus in der Nähe des Tennisclubs hält er an: Hier leben sechs Jugendliche, die bis vor kurzem obdachlos waren. Sie haben das Haus umgebaut, die Küche mit einem breiten Tresen ist im vorderen Zimmer untergebracht, aus dessen Fenster man auf das Mountjoy-Gefängnis am anderen Ufer des Kanals blickt. Ein Sozialarbeiter brät gigantische Hamburger, ein junger Mann kocht Tee. Im Hinterzimmer steht ein moderner Computer mit Anschluß ans Internet. John, 18, schaut auf die Uhr. »Wir dürfen erst ab sechs Uhr abends ran«, sagt er, »weil dann der Drei-Minuten-Takt vorbei ist. Sonst wird's zu teuer.« John spielt regelmäßig Internet-Schach mit Leuten in Deutschland, Kanada und Australien. Wegen der Zeitverschiebung sitzt er manchmal bis fünf Uhr morgens am Computer.

Der Garten hinter dem Haus ist zubetoniert,

hinten führen ein paar Stufen zu einem geräumigen Schuppen. Mitten im Raum steht ein Snooker-Tisch. Snooker ist eine Art Billard. Tom und Seamus haben gerade ein Spiel begonnen, als Ben auf den Tisch springt und die Kugeln durcheinanderbringt. Die beiden nehmen es ihm nicht krumm. Sie warten, bis Ben sich auf dem Tisch ausgetobt hat und legen die Kugeln dann wieder zurecht.

»Die sechs junge Leute haben alle ihre eigenen Zimmer«, sagt McVerry. »Sie sind älter als die Jungs in den anderen Wohngemeinschaften und etwas unabhängiger.« Das Haus stößt nicht überall auf Begeisterung, manche Leute fürchten, daß der Wert ihrer Häuser sinkt oder daß sie ausgeraubt werden, aber mit den direkten Nachbarn kommen die Jugendlichen gut zurecht. »Das ist ein ganz normales Haus in einer ganz normalen Straße«, sagt McVerry. »Das ist uns auch ganz recht, das ist ja kein Heim, und wir wollen gar nicht anders sein als die anderen Familien in der Nachbarschaft.«

Die Jugendlichen bleiben zwei oder drei Jahre, bevor sie in eine eigene Wohnung ziehen. Auch danach kommen die meisten am Anfang jeden Tag zurück, essen mit den anderen, spielen Snooker oder suchen einfach nur Gesellschaft. »Die Jungs sind viel toleranter als ich«, sagt McVerry. »Es gibt kaum Streit unter ihnen, und sie würden nie jemanden von der Tür abweisen, weil sie sich daran erinnern, daß auch sie mal davor standen. Das Haus ist für uns ein Glücksfall. Hier ist soviel mehr Platz als in Ballymun.«

Ballymun am Nordrand Dublins – das sind sieben Wohntürme mit fünfzehn Stockwerken, dazu ein Dutzend achtstöckiger Gebäude. zwanzigtausend Menschen leben hier, die meisten von der Sozialhilfe. In einem Block sind alleinerziehende Mütter untergebracht, in einem anderen ehemalige Psychiatrie-Patienten. Die Infrastruktur ist miserabel, Gewalt, Kriminalität und Drogensucht sind an der Tagesordnung. Wer hier eine Wohnung vom Sozialamt zugewiesen bekommt, sieht das als Durchgangsstation und hofft, nach ein paar Jahren in eine bessere Gegend umziehen zu können.

McVerry ist freiwillig hierhergezogen. Er teilt sich eine Wohnung mit vier anderen Jesuiten. »Wir wollten unter denselben Bedingungen leben wie die Menschen, mit denen wir zu tun haben«, sagt er. Die Wohnung liegt im fünften Stock des Thomas-Clarke-Turms – die sieben Türme sind nach den Anführern des Osteraufstands von 1916 benannt. Vor der Haustür steht ein winziger Wellblechverschlag: der Einkaufsladen. Daneben ein betonierter Spielplatz, auf dem ein paar Mädchen in braunen Schuluniformen schaukeln. Eine kommt herübergerannt, sie ist elf, höchstens zwölf. »Komm, ich blas dir einen«, sagt sie in fast akzentfreiem Deutsch. Sie hat den Satz von ihrem Cousin gelernt, der lange in München lebte. Um sicher zu gehen, daß man sie auch verstanden hat, wiederholt sie den Satz auf englisch.

Die Jesuiten-Wohnung ist einfach eingerichtet, weder der Bücherschrank noch die Bilder an den Wänden weisen darauf hin, daß hier fünf Priester wohnen. Direkt unter ihnen liegt eine weitere Wohngemeinschaft für obdachlose Jugendliche. Deren Wohnungstür ist mit einem schweren Stahlgitter gesichert, obwohl hier wahrlich nichts zu holen ist. »Es war ein Versehen«, sagt McVerry. »Die Firma sollte das Gitter bei uns oben anbringen und hat die Stockwerke verwechselt.« Die drei kleinen Zimmer sind mit Etagenbetten vollgestopft, bis zu neun junge Männer wohnen hier. »Es ist ein Tropfen auf den heißen Stein«, sagt McVerry. »Es gibt allein in diesen Blöcken fünfzig obdachlose junge Leute. Die meisten übernachten im Keller oder in leerstehenden Wohnungen.«

Vier Jugendliche sehen gelangweilt fern und unterhalten sich. Ein fünfter mit kurzen, schwarzen Haaren und einem dichten Bart schaut aus dem Fenster und schweigt. Mit seinen Tätowierungen sieht Darren aus wie ein Matrose. »Er wird im Gefängnis landen«, glaubt McVerry, »er ist sehr gestört.« Am Morgen sollte er wegen eines Einbruchs vor Gericht erscheinen, aber er ist nicht hingegangen. »Jetzt suchen sie ihn per Haftbefehl«, sagt McVerry. »Sie werden wohl bald hier sein.«

Wie hält man diesen Job 365 Tage im Jahr rund um die Uhr aus? »Das ist eine erfüllende Aufgabe«, sagt McVerry und strahlt dabei zufrieden. »Ich bin zur Vaterfigur geworden und die Jugendlichen zu meinen Kindern. Ich muß mich morgens nicht fragen, warum ich überhaupt aufstehen soll. Meine Arbeit macht mir Spaß, und ich finde sie sehr wichtig und wertvoll. Jeder Tag bringt neue Probleme und Erfahrungen und vielleicht auch neue Leute, auf deren Bedürfnisse man eingehen muß. Ich stehe morgens auf und sage mir: Heute ist ein neuer, wichtiger Tag.«

Die Krawallmacher sitzen immer hinten

Es war ein langer Tag gewesen. Jim Power merkte erst, daß man ihm die Kehle durchgeschnitten hatte, als das Blut sein weißes Hemd rot einfärbte. In Panik startete er seinen grünen Doppeldeckerbus, kam aber nicht weit damit. Nach zweihundert Metern verlor er das Bewußtsein, der Bus rollte gegen eine Laterne. Jim Power hat den Überfall überlebt, aber einen Bus wird er nie wieder fahren. 24 Jahre hat er für die städtischen Verkehrsbetriebe »Dublin Bus« hinter dem Steuer gesessen. Als er mit dem Messer attackiert wurde, machte er an der Endstation der Linie 42B beim Darndale-Kreisverkehr im Nord-Dubliner Stadtteil Coolock gerade Pause. Es ist eine heruntergekommene Gegend, neben der mit Schlaglöchern übersäten, dunklen Haltestelle liegt ein überwuchertes Feld, auf dem Müll und Autoteile verstreut sind. »Der Mann hatte sich nicht mal die Mühe gemacht, sich zu maskieren«, sagt Power. »Er hat 19 Pfund und 23 Pence erbeutet.«

Power ist einer von 81 Busfahrern, die langfristig krankgeschrieben sind, weil man sie überfallen hat. Das sind fast fünf Prozent aller Fahrer. Eines Tages weigerten sich die Kollegen, abends nach Coolock zu fahren. Sie verlangten bessere Sicherheitsmaßnahmen. Inzwischen sind die Fahrerkabinen bei der Hälfte der 880 Dubliner Busse mit Trennscheiben ausgerüstet, für besonders gefährdete Strecken hat man versuchsweise ein neues Fahrkartensystem eingeführt: Vor der Trennscheibe ist ein rot-gelbes Metallrohr angebracht, das in einen Tresor unter dem Bus führt. Die Passagiere müssen das Fahrgeld in einen Schlitz im Rohr stecken. Wer kein Kleingeld hat, erhält einen Gutschein über den zuviel gezahlten Betrag, den er auf der Geschäftsstelle in der Innenstadt einlösen kann. Der Fahrer hat kein Bargeld bei sich, und an den Tresor kommt er nicht heran.

»Ich bin immer froh, wenn es am Wochenende regnet«, sagt Liam Clarke, der den 42er Bus fährt. »Bei Regen hängt das Pack nicht an den Haltestellen 'rum.« Als sein Bus in die Tonlegee Road einbiegt, taucht im Rückspiegel ein weißer Opel auf. »Das ist Joe Mugan«, sagt Clarke, »unser Aufpasser.« Der städtische Angestellte, der normalerweise am Schreibtisch in der Busverwaltung sitzt und mit den Fahrern Funkkontakt hält, geht jedes Wochenende auf Außendienst. Samstags fährt ein Polizist mit. »Wenn ich eine Gruppe von Jugendlichen auf dem Rücksitz sehe, folge ich dem Bus«, sagt Mugan. »Die Leute, die Ärger machen, sitzen immer hinten. Die Fahrer fühlen sich ein bißchen sicherer, seit wir Patrouille fahren.« Mugan gerät fast ins Schwärmen, als er von den Cider-Banden von früher spricht. »Gut, die meisten von ihnen sind schwarzgefahren«, sagt er, »manchmal haben sie krakeelt, aber sie haben die Leute in Ruhe gelassen. Heute hauen einem die Drogensüchtigen doch schon für fünf Pfund den Schädel ein.«

Im Durchschnitt finden in Dublin vierzig bewaffnete Raubüberfälle in der Woche statt, selten werden dabei insgesamt mehr als zehntausend Pfund erbeutet. Es sind vor allem die kleinen Läden und Poststuben, die Tankstellen und Zeitungskioske, die dran glauben müssen. Der Verband der Einzelhändler geht davon aus, daß jeder kleine Dubliner Laden im Schnitt einmal im Jahr überfallen wird. In Wirklichkeit trifft es aber manche Geschäfte gar nicht, andere dafür um so öfter. »Ein Räuber kehrt meist zu dem selben Laden zurück, wenn er beim ersten Mal zwanzig oder dreißig Pfund erbeutet hat«, sagt Sergeant Jim Hynes aus Coolock. Oder es machen ihm andere Drogensüchtige nach, wenn sie darüber in der Zeitung lesen. Die Geschäftsleute haben deshalb die Pressestelle der Polizei im vergangenen Jahr gebeten, künftig Stillschweigen über die geraubten Summen zu bewahren. Wer spät abends noch geöffnet hat, wie etwa Imbißstuben, muß selbst für die Sicherheit sorgen. »Die Polizei hat uns erklärt, daß sie nachts völlig überlastet ist und nicht jedem Notruf sofort nachgehen kann«, sagte Graeme Beere, Geschäftsführer einer Fastfood-Kette.

Manche Gegenden sind für Streifenwagen tabu. Die Gallanstown-Siedlung in Cherry Orchard südwestlich von Coolock ist solch ein Viertel. Es gibt hier weder ein öffentliches Telefon oder einen Briefkasten, noch einen Arzt, Geschäfte oder eine Kneipe. Mit Bussen sieht es auch nicht viel besser aus: Der 79er, der die Cherry Orchard Avenue hinunterfährt, verkehrt nur unregelmäßig. Für die 2500 Kinder unter 14, die hier wohnen, gibt es keinen Spielplatz und kein Jugendzentrum. Siebzig Prozent der Menschen sind arbeitslos.

Eine ganze Reihe der Sozialbauhäuser von Gallanstown sehen mit ihren Flachdächern wie Container aus. Die Siedlung ist erst 1987 fertiggestellt, die umliegenden Siedlungen sind im Schnellbauverfahren seit 1975 aus dem Boden gestampft worden. Um eine infrastrukturelle Planung hat sich niemand gekümmert. Alte Leute sind auch tagsüber kaum zu sehen, nur ein Prozent der Bewohner von Gallanstown ist über 65. Vom »Kreisverkehr« am Cherry Orchard Crescent, der aus Kostengründen nur aus einem weißen Hubbel mitten auf der Kreuzung besteht, erstreckt sich nach links Brachland, so weit man blicken kann. Geradeaus am Horizont sieht man die Autobahn, davor das Wheatfield-Gefängnis. Nach Einbruch der Dunkelheit läßt sich hier kein Polizist blicken, seit eine Streife in einen Hinterhalt gelockt wurde.

»Sie flitzten mit fünf oder sechs gestohlenen

Autos herum«, sagt ein Beamter, »so etwas habe ich noch nie erlebt.« Als die Polizei in das Viertel hinterherfuhr, wartete man bereits auf sie: Quer über der Straße lagen Holzbretter mit langen Nägeln, rund 150 Jugendliche griffen den Polizeiwagen mit einem Arsenal von Steinen und Benzinbomben an. Die Polizisten forderten Verstärkung an, doch das Spezialfahrzeug mit Allradantrieb, vergitterten Scheiben und Räumvorrichtung konnte auch nicht viel ausrichten. Die Beamten suchten das Weite, als eine Scheibe zerbrach und sich mehrere Flaschen Benzin über die Uniformen ergossen. »Hätte das Benzin Feuer gefangen, dann hätte es Tote gegeben«, meint einer der Polizisten.

Es dauerte vier Stunden, bis die Beamten die Sache unter Kontrolle hatten. »Die Krawallmacher wollen die Siedlung zur No-go-area für uns machen«, sagt einer, »damit sie in Ruhe ihren Drogengeschäften nachgehen können.« Eine Woche vor den Krawallen hatte die Polizei in Gallanstown Heroin im Marktwert von umgerechnet mehr als hunderttausend Euro beschlagnahmt.

Die Kids von Gallanstown erzählen eine ganz andere Geschichte. »Die Bullen halten uns alle für Abschaum«, sagt ein etwa 16jähriger, »und das sagen sie dir auch ins Gesicht. Ich bin neulich, gar nicht weit von hier, mit meinem Rad bei Rot über eine Kreuzung gefahren. Ein Bulle auf einem Motorrad hat mich erwischt. Ich mußte meine Adresse nennen, und er sagte, ich gehörte also zu diesem Abschaum. Dann hat er mir einen Strafzettel verpaßt. Würde ich woanders wohnen, hätte er mich höchstens ermahnt.«

Inzwischen haben sich acht oder neun Kinder um den 16jährigen versammelt, ein paar andere kicken im fahlgelben Licht der Straßenlaterne mit einem Plastikball. Er hoppelt über die künstlichen Bodenwellen, die alle paar Meter aufgeschüttet sind. »Damit die Joyrider nicht so schnell fahren können«, erklärt ein Zehnjähriger fachmännisch. Hat er schon mal in einem geklauten Auto gesessen? »Klar«, winkt er ab, »schon oft.« Er sei nur ein Angeber, meint sein Kumpel jedoch. Irgendwo klingelt eine Alarmglocke, aber niemand schert sich darum.

Man will kaum glauben, daß man nur zwanzig Minuten vom Zentrum einer europäischen Metropole entfernt ist. Es riecht nach Pferdemist. Die Gehwege und Fahrbahnen, die kleinen Vorgärten und das Brachland – alles voller Pferdemist. Rund ein Dutzend Tiere grast zwischen den ausgebrannten Autowracks auf dem Feld neben dem Cherry Orchard Crescent, genausoviele laufen einfach auf der Straße herum. »Das ist besser als Autos klauen«, meint die Sozialarbeiterin Grace Maguire, »sie gehen rührend mit den Pferden um.« Abends laufen sie mit Plastikeimern bis zu den Läden in Ballyfermot und betteln um angefaulte Karotten und Äpfel für die Tiere.

Um ein Pferd kaufen zu können, sparen die Kinder das Geld, das sie zu Weihnachten, zum Geburtstag und zur Konfirmation bekommen. Für viele reicht es dennoch nie. »Manche Kinder fangen an zu weinen, wenn ich sie nach dem Fahrgeld frage«, sagt Marian Doyle, die einen billigen, privaten Schulbus organisiert hat. »Manchmal erzählen sie, daß zu Hause der Strom abgestellt worden ist. Wer 130 Pfund Stütze in der Woche bekommt, kann davon schlecht 15 Pfund für den Schulbus für seine Kinder abzweigen. Deshalb sind viele ganz froh, wenn die Kinder mit 14 sagen, daß sie nicht mehr zur Schule wollen. Doch damit ist der Weg für die nächste Generation vorprogrammiert.«

Dieser Kreislauf sei ein viel größeres Problem als der Drogenhandel, meint die Sozialarbeiterin Anne, die ihren Nachnamen nicht nennen will. »Die meisten Familien versuchen, mit ehrlichen Mitteln über die Runden zu kommen«, sagt sie. »Natürlich gibt es hier auch Drogenhändler und Krawallmacher, es wäre ja auch ein Wunder, wenn es bei diesen Lebensbedingungen anders wäre. Diese Siedlungen dienen der Aufbewahrung unerwünschter Personen, kein Mensch aus den besseren Stadtteilen kann sich auch nur annähernd vorstellen, wie es hier aussieht. Und solange die Leute nur in ihrem eigenen Viertel krakeelen, kümmert das keinen Politiker. Aber wenn nicht bald etwas geschieht, ist es für die jüngeren Kinder zu spät. Die schaffen dann den Absprung auch nicht mehr. Höchstens nach da drüben.« Dabei zeigt sie auf das Wheatfield-Gefängnis am Horizont.

Sein Champion heißt Doris

Taubenzüchter sind Besessene. Man findet sie an den ungewöhnlichsten Orten. Im »Pearse House« zum Beispiel. Das ist einer der typischen, ziemlich häßlichen Blocks mit Sozialwohnungen in Dublins südlicher Innenstadt. Die Treppengeländer sehen nicht besonders vertrauenerweckend aus, und den langen Balkonen, über die man in die Wohnungen gelangt, würde ein Topf Farbe guttun. Der große, helle Innenhof ist betoniert und mit Wäscheleinen überspannt, ein paar bunte Kinderhosen und ein Dutzend T-Shirts flattern im Wind.

Tara Doherty wohnt seit sieben Jahren im »Pearse House«. Sie findet, daß die Kriminalitätsrate im Vergleich zur nördlichen Innenstadt wesentlich niedriger sei: »Auf der anderen Seite des Flusses hat die Stadtverwaltung viele alteingesessene Bewohner in die Trabantenstädte umgesiedelt. Bei uns hingegen wohnen die meisten seit langem im Viertel, die Leute kennen einander, der Zusammenhalt ist groß. Niemand käme auf die Idee, den Nachbarn die Wäsche zu klauen, obwohl sich alle strecken müssen, um über die Runden zu kommen.« Der keltische Tiger, wie das irische Wirtschaftswunder genannt wird, ist noch nicht bis zum »Pearse House« vorgedrungen. Manch dreiköpfige

Familie lebt von einer einzigen Sozialhilfe, weil die Leute nicht wissen, was ihnen zusteht.

Zwischen den Wäscheleinen stehen mehrere Reihen kleiner Holzschuppen, die in einem erbarmungswürdigen Zustand sind. Eigentlich sind sie für Fahrräder und Kinderwagen vorgesehen, damit man sie nicht nach oben in die Wohnungen schleppen muß, doch bei vielen dieser Schuppen ist die Tür durch ein Drahtgitter ersetzt: Sie sind zu Taubenschlägen umgebaut. Wir bleiben vor einem dieser Käfige stehen. Fünf oder sechs Vögel dösen auf ein paar abgesägten Ästen vor sich hin. Sofort sind wir von fünf Jugendlichen umringt. Ein Skinhead schnauzt uns an: »Was wollt ihr hier? Laßt die Tauben in Ruhe.« Tara Doherty weiß, wie man mit den Jungen umgehen muß und läßt ein paar bewundernde Worte über die Tiere fallen. Seamus, der Skinhead, wird sogleich freundlicher. Er öffnet das Drahtgitter an der Seite und klettert in den Taubenschlag. Mit geübtem Griff fängt er einen der Vögel, breitet dessen Flügel aus und kontrolliert das Gefieder offenbar auf Ungeziefer. »Das ist Doris«, sagt Seamus. »Sie ist erst knapp elf Monate alt und hat schon zwei Preise gewonnen.«

Wer seine Brieftauben an Rennen teilnehmen lassen will, muß Mitglied in einem Verein sein, erklärt er, sonst könnte ja jeder kommen. Die Vereine sind zu Bezirksverbänden zusammengeschlossen, die wiederum der Dachorganisation »Irish National Flying Club« im nordirischen Lisburn unterstehen. Wer hätte gedacht, daß Taubenzüchter so straff organisiert sind? Der »Irish South Road Federation« gehören neben Seamus' Club 24 weitere Vereine mit 2500 Mitgliedern an. Der Beitrag kostet 65 Euro im Jahr. Dazu kommen jede Woche fünf Euro für Vogelfutter. Woher nimmt Seamus das Geld? »Früher habe ich Zeitungen ausgetragen«, sagt er. »Das habe ich jetzt nicht mehr nötig. Mit dem Preisgeld, das Doris bisher gewonnen hat, komme ich noch mindestens ein Jahr über die Runden.«

Bald geht Doris wieder auf die Reise, die Saison dauert von April bis Oktober. In diesem Zeitraum finden an jedem Wochenende Rennen statt. Das größte Ereignis ist der »King's Cup« im Juni, der vom Dachverband ausgerichtet wird. Das Preisgeld beträgt umgerechnet immerhin 35.000 Euro – und ein Auto, aber Seamus hat gar keinen Führerschein. Um zu gewinnen, sagt er, muß Doris den Weg von Frankreich über den Englischen Kanal bis in ihren heimatlichen Taubenschlag im »Pearse House« finden, und zwar schneller als die Konkurrenz. Bei den Rennen der Bezirksverbände ist weniger zu holen, die fünfzig Bestplazierten müssen sich 1200 Euro teilen.

Die Rennen beginnen immer am Freitag abend. Die Taubenbesitzer bringen ihre Vögel zum Clubhaus, wo den Tieren ein numerierter

Gummiring ums Bein gebunden wird. Jeder Teilnehmer erhält eine versiegelte Spezialuhr. Am Samstag morgen werden die Brieftauben in Lastwagen zum Startpunkt gebracht. Der Bezirksverband, der im letzten Jahr sein dreißigjähriges Bestehen feierte, besitzt inzwischen zwei Sattelschlepper, mit denen insgesamt 26.000 Tauben transportiert werden können. Nachdem sie freigelassen worden sind, fliegen die Brieftauben automatisch in Richtung Heimat. Wenn sie ihren Taubenschlag erreicht haben, nimmt der Besitzer ihnen den Gummiring ab und legt ihn in eine Kapsel, die dann so schnell wie möglich in die Spezialuhr geworfen wird. Dadurch wird die Uhr angehalten und druckt die Gesamtzeit aus. »Manche Rennen sind durch Bruchteile von Sekunden entschieden worden«, erzählt Seamus.

Doch nicht immer geht alles glatt: Vor einigen Jahren schickte der Verband eine gefiederte Ladung ins französische Rheims, von wo die Vögel zurück nach Dublin fliegen sollten. Bis heute ist keine der 1200 Brieftauben wieder aufgetaucht. Auch Seamus beklagt den Verlust eines potentiellen Champions. »Es war das erste große Rennen, an dem mein Vogel teilgenommen hatte«, sagt er. »Mein Vater glaubt, die Franzosen haben die Tauben abgeknallt und aufgefressen.«

Das schnellste Spiel der Welt

Wenn Airy Cleere den Holzschläger über dem Kopf schwingt, sieht es aus, als wolle er mit einer Keule auf seinen Gegner losgehen. Aber er hat es nur auf den kleinen Lederball, eine Art Schlagball, abgesehen. Beide Spieler versuchen, den Ball, der hoch durch die Luft saust, mit ihren Schlägern zu stoppen. Cleere stellt sich dabei geschickter an, fängt den Ball ab und balanciert ihn in vollem Lauf auf dem Schläger, fast wie beim Eierlaufen. Doch dann läßt er den Ball kurz auftippen und schlägt ihn mit Wucht in die gegnerische Spielhälfte.

Hurling, so heißt dieser irische Nationalsport, ist das schnellste Feldspiel der Welt. Dabei versuchen 15 Spieler pro Mannschaft, den Ball ins gegnerische Tor zu befördern. Sie dürfen dazu die Hand, den Fuß oder den Eschenholzschläger benutzen, der einen Meter lang und am Ende breit abgeflacht ist. Ein Tor zählt drei Punkte, ein Schuß über die Querlatte zwischen den verlängerten Pfosten hindurch gibt einen Punkt. Diese Regel sorgt dafür, daß Hurling für die Torhüter recht frustrierend sein kann: Sie sind zum Zuschauen verurteilt, wenn der Ball in zehn Meter Höhe über sie hinweg schwebt – zum Punktgewinn für den Gegner. Torrichter in langen, weißen Kitteln wachen mit

Argusaugen über die Flugbahn und signalisieren einen Punktgewinn mit Fähnchen – grün für ein Tor, weiß für einen Punkt.

Das Spiel ist nicht ungefährlich, so mancher Spieler hat dabei seine Vorderzähne eingebüßt. Heutzutage ergreifen die meisten jedoch Vorsichtsmaßnahmen. »Ich trage einen Helm und einen Mundschutz, und ich besitze noch alle Zähne«, sagt der 18jährige Cleere, der das Spiel seit elf Jahren betreibt. Kinder müssen beim Hurling einen Helm tragen, Erwachsenen ist es freigestellt, doch der Kopfschutz setzt sich immer mehr durch. Das brachte den Spielern den Vorwurf eines alten Hurling-Stars vergangener Zeiten ein, sie seien »verweichlichte Angsthasen, die lieber Halma spielen sollten«. Wenn Frauen Hurling spielen, heißt es Camogie und wird auf einem kleineren Feld mit zwölf Spielerinnen pro Mannschaft ausgetragen. Ansonsten unterscheiden sich die Regeln nicht, abgesehen von den Röckchen, die der konservative Verband, die »Gaelic Athletic Association« (GAA), den Spielerinnen als Sportbekleidung vorschreibt.

Hurling und Camogie sind nicht nur die schnellsten, sondern auch die ältesten Ballspiele der Welt, sie wurden schon vor mehr als zweitausend Jahren gespielt. Im »Book of Leinster«, einem epischen Sagenkreis aus dem 12. Jahrhundert, wird ein Hurlingspiel aus dem Jahre 400 v. Chr. beschrieben: »Dreimal fünfzig Jünglinge an einem Ende des Feldes und einer allein am anderen Ende, und der eine Jüngling besiegte die dreimal fünfzig Jünglinge am Tor, indem er jeweils den Ball parierte und zurückschlug. Und als sie dann im Spiel einander die Kleider vom Leib rissen, nahm er ihnen dreimal fünfzig Gewänder ab, und ihnen gelang es nicht einmal, ihm die Fibel seines Umhangs abzureißen.«

Ganz so rauh geht es inzwischen nicht mehr zu, und Umhänge tragen die Spieler auch nicht mehr. Airy Cleere tritt im blauen Trikot mit einem grünen Diagonalstreifen an, den Farben seines Clubs St. Sylvester. Der Namensgeber des Vereins war im 4. Jahrhundert Papst und ist der Schutzpatron der Kirche von Malahide, der Heimat des Vereins. Malahide, ein Dubliner Vorort, war bis in die sechziger Jahre ein Dorf. Airy Cleere hat mit sieben Jahren in einer Straßenliga mit Hurling angefangen. »Der Verein hat das organisiert, um Nachwuchs heranzuziehen«, sagt er. Cleere trat dem Club danach bei, bis zum vorigen Jahr hat er auch in der Dubliner Juniorenauswahl gespielt, doch dann mußte er sich auf die Abiturprüfung konzentrieren.

Hurling spielt er inzwischen nur noch für St. Sylvester, aber lieber jagt er für den Verein dem Ball beim Gaelic Football nach. »Ein wunderbares Spiel«, sagt er, »nicht so langweilig wie Fußball, wo man seinen Gegner kaum berühren darf.« Beim gälischen Fußball, dem zweiten irischen Nationalsport, zählt ein Tor ebenfalls drei Punkte, ein Schuß über die Latte einen Punkt. Der Ball darf mit der Hand gespielt, muß jedoch mit dem Fuß vom Boden aufgenommen werden. Über die Behandlung der Gegenspieler gibt es strenge Vorschriften, übergroße Härte ist verboten, was unbedarfte Zuschauer kaum für möglich halten. Ein englischer Journalist bezeichnete diese Sportart als »wohlorganisiertes Gemetzel«. Rugby erscheint im Vergleich zum Gaelic Football als Sportart für Priesterschüler. »Rugby ist ein Spiel für Raufbolde, das von Gentlemen gespielt wird«, meinte der englische Journalist, »Fußball ist ein Spiel für Gentlemen, das von Raufbolden gespielt wird. Gälischer Fußball ist ein Spiel für Raufbolde, das von Raufbolden gespielt wird.«

Im Clubhaus von St. Sylvester geht es jedoch gesittet zu. Es ist ein unscheinbares Reihenhaus im Zentrum Malahides. Im ersten Stock gibt es eine Bar, die größer ist als so mancher Pub in der Innenstadt. Die Getränke sind etwas billiger als in den Kneipen, und deshalb haben eine ganze Reihe von Organisationen – Lehrer, Polizisten, politische Parteien – ihre eigenen Clubs. Die Wände des St. Sylvester-Clubs sind mit weinroten Paneelen und alten Mannschaftsfotos dekoriert. Den Verein gibt es seit 1903, so steht es stolz in den Annalen. »In Wirklichkeit ist der Club 1974 neugegründet worden«, erzählt der 68jährige Brian Colgan, der damals dabei war. »St. Sylvester ist ein typischer Dorfclub, er hat ganze Mannschaften durch Emigration verloren, man mußte immer wieder von vorn beginnen.« 1974 bekam man wieder mal eine Mannschaft zusammen, weil Dublin nach elf erfolglosen Jahren die irische Meisterschaft gewonnen hatte und das Spiel danach auch in den Vororten boomte. 1982 kauften ein paar wagemutige Funktionäre das Clubhaus. »Damals war es eine Ruine, und man benötigte viel Phantasie, um sich vorzustellen, wie es einmal aussehen könnte«, sagt Colgan. Die Funktionäre gingen von Haus zu Haus und erbettelten zinslose Darlehen in Höhe von hundert Pfund, rückzahlbar nach zehn Jahren. »Wir haben fünfzigtausend Pfund auf diese Weise zusammenbekommen«, sagt Colgan, »und als die zehn Jahre um waren, hat die Hälfte der Gläubiger auf das Geld verzichtet, die Leute sind statt dessen Mitglieder geworden.«

Damit man nie wieder wegen Nachwuchsmangel den Spielbetrieb einstellen muß, hat der Club Padraig McCarthy eingestellt. Er ist Jugendtrainer und Assistenz-Coach der Dubliner Auswahl. »Ich besuche regelmäßig die Schulen in Malahide und versuche, die Schüler für die traditionellen Sportarten zu interessieren. Früher haben die Mönche vom Orden der Christian Brothers in den Schulen Sport unterrichtet, aber heutzutage sind neunzig Prozent des

Lehrpersonals Frauen, und die bringen den Kindern kein Hurling oder Football bei.« McCarthy ist 35, bis voriges Jahr hat er selbst noch gespielt, und man sieht es ihm an: Er ist groß und breitschultrig, hat kurze blonde Haare und ein kantiges Kinn. »Ich bin zu dick geworden«, findet er aber und klopft sich auf den Bauch. »Meine Freundin zeigt immer auf das Mannschaftsfoto von 1987, das im Flur des Clubhauses an der Wand hängt. Damals war ich rank und schlank.« In jenem Jahr war er Mannschaftskapitän. Was fasziniert ihn am gälischen Fußball? »Es ist im Blut«, sagt McCarthy. »Ich bin Ire, und der Nationalismus spielt eine große Rolle. Man gibt alles für seine Pfarrgemeinde, darin drückt sich der Stolz für die Heimat aus.« Auf dem Land spiele das noch eine weitaus größere Rolle als am Rande der Großstadt, sagt McCarthy: »Uns ist es zwar wichtig, aber auf dem Land ist es eine Sache von Leben und Tod. Dort ist die Gemeinde der Mittelpunkt des Daseins.« Auf den Zuschauerrängen geht es trotz aller Begeisterung friedlich zu, eine räumliche Trennung der gegnerischen Fans ist auch bei den Endspielen im Hurling und Football, die stets am ersten und dritten Sonntag im September ausgetragen werden, nicht nötig: Man tauscht Souvenirs und vor allem Alkoholika bereitwillig untereinander aus.

Trotz der großen Beliebtheit der traditionellen Sportarten springt finanziell für die Spieler nichts heraus: Hurling und gälischer Fußball sind reiner Amateursport. Bis ins 18. Jahrhundert waren diese Spiele in Irland weit verbreitet. Doch aufgrund der ökonomischen Verhältnisse, vor allem der Hungersnot Mitte des 19. Jahrhunderts, gingen die Volkssportarten fast völlig unter. Erst im Zuge der nationalen Bewegung Ende des 19. Jahrhunderts setzte ein erneuter Aufschwung ein. 1884 gründeten sieben Männer die GAA, deren Schirmherrschaft von Erzbischof Dr. Croke übernommen wurde. Nach ihm wurde das Stadion in dem Nord-Dubliner Viertel Drumcondra benannt, in dem alle großen Spiele ausgetragen werden – freilich nur in den traditionellen Sportarten. Für andere Spiele bleibt der Croke Park verschlossen. Vor allem die englischen Sportarten Rugby, Fußball, Hockey und Cricket werden abgrundtief verachtet. Bis 1971 war es den GAA-Mitgliedern streng verboten, sich diese »barbarischen Spiele« auch nur anzusehen, geschweige denn, sie selbst zu spielen. Als die GAA 1993 staatliche Zuschüsse für die Erweiterung des Croke Park beantragte und man ihr daraufhin nahelegte, die Stadiontore auch für den immer populärer werdenden Fußball zu öffnen, fragte GAA-Präsident Michael Loftus entsetzt: »Fußball? Eine Garnisons-Sportart in unserem Stadion? Die GAA hat soviel für die Entwicklung der irischen Gesellschaft getan, daß sie ein Recht auf staatliche Zuschüsse ohne Vorbedingungen hat.« Der Verband bekam das Geld. Um ein für alle Mal die Bedeutung der GAA für die irische Gesellschaft und die Unabhängigkeit Irlands zu demonstrieren, richtete man unter der neuen Tribüne ein Sportmuseum ein. Ausgestellt sind alte Regelhefte, der Pokal für die irische Meisterschaft von 1896, historische Trikots und Medaillen sowie ein keltisches Hochkreuz aus dem 10. Jahrhundert, auf dem Davids Kampf gegen den Löwen dargestellt ist. Rechts in der Ecke des Kreuzes sind, mit etwas gutem Willen, ein Hurlingschläger und ein Ball zu erkennen. War David ein Hurling-Spieler? In einer anderen Vitrine ist eine Camogie-Uniform aus dem Jahr 1904 ausgestellt: Die Damen mußten damals einen bodenlangen schwarzen Rock mit hochgeknöpfter weißer Bluse tragen. Heutzutage würden Frauen so etwas höchstens zum Opernball anziehen. Aber es geht im Museum auch um die politische Geschichte Irlands, denn Sport und Politik gehörten seit Gründung der GAA eng zusammen. Polizisten, Gefängniswärter und Soldaten durften der GAA nicht beitreten, denn sie waren fast ausnahmslos auf Seiten der englischen Besatzer. Da die Bezirksorganisationen der GAA, ebenso wie die Bewegung für die gälische Sprache oder die Liga für die Rechte der Landpächter, früher Zentren des Widerstands waren, sollte eine Unterwanderung durch britische Agenten verhindert werden. Bereits 1890 hatte der englische Geheimdienst einen Agenten abgestellt, der sämtliche GAA-Veranstaltungen besuchen und darüber Bericht erstatten mußte. Der Verdacht des Geheimdienstes war nicht unbegründet: Als irische Rebellen zu Ostern 1916 einen Aufstand gegen die britische Besatzung anzettelten, nahmen viele Spieler gälischer Klubs daran teil.

Die britische Regierung richtete die Anführer der Rebellen hin, und dieses unbarmherzige Vorgehen empörte die Bevölkerung so sehr, daß die überlebenden Aufständischen großen Zulauf erhielten. 1920 kam es zum Unabhängigkeitskrieg, an dem wieder viele GAA-Mitglieder beteiligt waren. Spiele fanden zu dieser Zeit nur noch sporadisch statt. In der Nacht zum 21. November 1920 tötete die Untergrundarmee IRA in einer Nacht- und Nebelaktion vierzehn britische Agenten. Der Vergeltungsschlag traf am nächsten Tag nicht zufällig den Croke Park. Dort sollte am Nachmittag die Football-Mannschaft aus Tipperary in einem Freundschaftsspiel gegen Dublin antreten. Kurz nach Spielbeginn flog eine britische Militärmaschine tief über das Stadion und schoß eine rote Leuchtrakete ab. Das war der Angriffsbefehl: Im Nu kletterten die Soldaten über die Mauer an beiden Enden des Stadions und eröffneten das Feuer, zunächst aus Pistolen, dann aus einem Maschinengewehr, das am Eingang aufgebaut worden war. 13 Menschen starben, darunter der Kapitän des Tipperary-Teams. Der Tag ist als

»Bloody Sunday« in die Geschichte eingegangen.

Einmal im Croke Park anzutreten ist der Traum eines jeden Spielers. Airy Cleere hat es geschafft, er spielt für die Dubliner Auswahl im Viertelfinale der Juniorenmeisterschaft gegen die Grafschaftsauswahl von Westmeath. Cleere ist Mannschaftskapitän, seine Mannschaft ist favorisiert. Am Ende reicht es dennoch nicht zum Sieg, obwohl sein Team zwischenzeitlich mit fünf Punkten Vorsprung führte. »Macht nichts«, sagt Cleere, aber man merkt ihm an, daß er sich ärgert. »Im nächsten Jahr versuchen wir es wieder.«

Flußtanz – die Heimsuchung

Die Iren irrten, als sie glaubten, sie könnten die ganze Welt verseuchen und kämen selbst ungeschoren davon: »Riverdance«, das gräßliche Tanzspektakel, gastiert nach der Welttournee zu guter Letzt in Dublin. Der Untertitel der Show lautet: »The Homecoming«. Das klingt wie »Heimsuchung«, und das ist es auch. Der Riesenerfolg des Flußtanzes habe weniger mit einem kollektiven Verlust des Urteilsvermögens zu tun als vielmehr mit den Urinstinkten der Menschheit, meint der US-amerikanische Schriftsteller William McNeill: Der stampfende Rhythmus erinnere an den Herzschlag der Mutter, wie ihn der Fötus vernimmt. McNeills Mutter muß unter Bluthochdruck gelitten haben. Der Musikkritiker Michael Seaver vergleicht das genau abgestimmte Hüpfen dagegen mit den Armeen Ludwigs XIV. Der Sonnenkönig ließ seine Soldaten solange drillen, bis sie die am meisten gefürchtete Truppe in Europa waren. Diesen Ruf hat heutzutage das »Riverdance«-Ensemble. Seaver meint, auch die Nazis hätten ihre Freude an den zähen Tänzern und Tänzerinnen gehabt.

Alles fing mit einem Pausenfüller an. Damals, 1994, als Irland wieder einmal das Eurovisions-Kampfsingen austragen mußte, weil man den Wettbewerb ein Jahr zuvor gewonnen hatte, trat die Original-Flußtanztruppe auf, um die Wartezeit bis zur Punktwertung zu verkürzen. In sieben Minuten war der Pausentanz damals vorbei, und niemand ahnte, was Komponist Bill Whelan angerichtet hatte. Am nächsten Tag war »Riverdance« Gesprächsthema an den Theken Europas, und im Vergleich zu den gräßlichen Liedern, die beim Wettsingen geboten wurden, empfand man den Tanz zunächst als ganz angenehm.

Das änderte sich geschwind. Während der Schlagerwettbewerb nur einmal im Jahr stattfindet, gab es vor dem Flußtanz kein Entrinnen. In Supermärkten und auf dem Flughafen, in den Neun-Uhr-Nachrichten und in jeder verdammten Musiksendung wurde das Stück gespielt. Was lag näher, als es auf abend- und kassenfüllende Länge zu dehnen? Michael Flatley und Jean Butler sind damit reich geworden, und weil beide geldgierig sind, zerstritten sie sich und gründeten ihre eigenen Shows.

Daß man mit Geld keinen Verstand kaufen kann, beweist der Fall Flatley. Der Flachkopf ernannte sich zum »Lord of the Dance« und zog mit einer derart einfältigen Show herum, daß es einem den Atem verschlägt. Das Bühnenbild wäre selbst einer Blindenschule peinlich. Inzwischen gibt es viele Nachahmer – »Feet of Flames«, »Rhythm of the Dance«, »River of Sound«, »River of Flames«. Ein Wunder, daß die berühmte US-amerikanische Fleischbrötchenkette noch nicht auf den Riverburger gekommen ist. Flatleys Flußgehüpfe ist schuld daran, daß die US-Amerikaner glauben, das Leben in Irland sei ein einziger langer Tanz, bei dem kräftige Bauernburschen die rothaarigen Mädels durch die Luft wirbeln, während der Leprechaun, der kleine grüne Kobold, zwischen Kleeblättern auf der Blechflöte ein Klagelied intoniert. Möge er Flatley die Beine brechen.

Wintersonnenwende in Newgrange

Jemand summt »Waiting for the sun«, den alten Song der Doors. Zwanzig Menschen warten, dicht gedrängt in der Finsternis, auf die ersten Sonnenstrahlen am Morgen der Wintersonnenwende. Dann ist es wieder still, und das gehört sich auch so, denn wir stehen in einer Grabkammer. Beerdigt wurde hier lange niemand mehr, die Grabanlage ist fünftausend Jahre alt. Newgrange, nordwestlich der irischen Hauptstadt Dublin, ist somit fünfhundert Jahre älter als die Pyramiden. Doch das Megalithgrab wurde nicht, wie die ägyptischen Anlagen, für einen Herrscher erbaut und dann versiegelt, sondern ist über einen längeren Zeitraum immer wieder benutzt worden.

Es ist ein imposanter Bau, selbst wenn man sein Alter außer Acht läßt. Die kreuzförmige Grabkammer mit ihren Steinschalen ist sechs Meter hoch. Man gelangt durch einen leicht ansteigenden 18 Meter langen Gang hinein. Das Bauwerk ist aufgrund eines ausgeklügelten Systems von Rinnen vollkommen wasserdicht, es mußte nie ausgebessert werden. Heutzutage wird nicht mehr so stabil gebaut.

Viele Steine sind mit geometrischen Motiven verziert, besonders auffällig ist der Schwellenstein vor dem Eingang mit seiner dreifachen unendlichen Spirale. Manche Randsteine sind auch auf der Rückseite verziert, die man gar nicht sehen kann. Warum aber hat man sich die Mühe gemacht? Eine befriedigende Erklärung gibt es dafür nicht, und keiner der Versuche, die Zeichnungen zu interpretieren, ist wirklich überzeugend.

Gang und Grabkammer machen nur einen Bruchteil des großen Tumulus aus. Der runde Kuppelbau umfaßt ein Gebiet von viertausend Quadratmetern, hat einen Durchmesser von 85 Metern und ist zwölf Meter hoch. Über uns ruhen 250.000 Tonnen Basalt und Erde. Warum ein solcher Aufwand, wenn nur ein kleiner Teil genutzt wurde? Auch darauf hat man keine Antwort. Die vordere Seite des Hügels ist mit glitzerndem Quarz verziert, dazwischen sind willkürlich große Kieselsteine angeordnet. Es ist der einzige Teil des Bauwerks, der rekonstruiert werden mußte, weil der Quarz im Laufe der Jahrtausende herabgefallen war. Wie die Steine früher angeordnet waren, weiß man nicht. Fest steht jedoch, daß sie hundert Kilometer entfernt, in den Bergen von Wicklow, gebrochen und mit Schiffen hergeschafft wurden. Vom Ufer des Boyne unten im Tal mußten sie heraufgetragen werden, und der Weg ist auch ohne Last recht mühsam. Es muß den Erbauern sehr wichtig gewesen sein, die Wintersonne mit einer hell strahlenden Front zu begrüßen.

Noch ist die Sonne nicht zu sehen. Über dem

Tal liegt dichter Nebel, doch darüber ist es klar. Es ist bereits hell, auch wenn die Sonne noch hinter dem Berg auf der anderen Seite des Flusses Boyne versteckt ist. Und dann, um zwei Minuten vor neun, ohne sich anzukündigen, fällt ein bleistiftdünner Sonnenstrahl durch die »Roof box«, eine 25 Zentimeter hohe Luke über dem Eingang zu Newgrange. Weil der Gang sacht ansteigt, liegt der Sandboden der Grabkammer auf der Höhe dieser »Roof box«. Der Strahl endet am Rand der Schale in der mittleren Kammer. Er sieht künstlich aus, fast wie auf den Boden gezeichnet, denn aufgrund der ausgeklügelten Konstruktion des Ganges, der ein wenig gekrümmt verläuft, wird das Streulicht abgefangen und gelangt gar nicht in die Kammer. Nach einer Weile wird der Strahl breiter, bis er 14 Zentimeter dick ist. Das von der Erde reflektierte Licht leuchtet nun auch die Seitennischen aus. Zwanzig Menschen schweigen und staunen über diese fünftausend Jahre alte architektonische Meisterleistung. Das muß man sich mal vorstellen: Auch damals standen an dieser Stelle Menschen und erwarteten die Sonne nach der längsten Nacht des Jahres. Nach 17 Minuten ist das Schauspiel vorbei und wir stehen wieder im Dunklen.

Wer hat die Anlage gebaut, und zu welchem Zweck? Nur für die Toten, die im Freien verbrannt worden waren und deren Asche auf die Steinschalen gestreut wurde, hätte man einen solchen Aufwand wohl kaum betrieben. Newgrange muß auch eine Art Tempel gewesen sein, vielleicht eine Schnittstelle zwischen den Lebenden und den Göttern des Kosmos. Dafür spricht auch der Steinkreis aus 35 Findlingen, der den Hügel umgibt. Solche Steinkreise waren Kultstätten.

Newgrange ist Teil von Brú na Bóinne. Dazu gehören zwei weitere Ganggräber, jeweils zwei Kilometer entfernt, sowie vierzig Satellitengräber. Und nun hat man noch einen weiteren Grabhügel entdeckt, der möglicherweise noch bedeutender als Newgrange ist, so gab die Kulturbehörde einen Tag vor der Wintersonnenwende bekannt. Mit Hilfe von elektromagnetischen Geräten, die unterirdische Strukturen identifizieren können, stieß man gleich neben Newgrange auf eine »Straße der Toten«, zehn Meter breit und achtzig Meter lang, mit Gruben, die vermutlich sterbliche Überreste enthielten. Die Straße führt jedoch nicht nach Newgrange, sondern zu einem anderen Grabhügel etwas weiter östlich. Der Hügel ist im 19. Jahrhundert von einem Bauern abgetragen worden, weil er Weideland gewinnen wollte.

Wissenschaftler haben ausgerechnet, daß sich der Einfallwinkel der Sonne seit dem Bau von Newgrange ein wenig verändert habe. In zwanzigtausend Jahren wird er wieder genau so sein wie damals. Man solle frühzeitig buchen, rät die Kulturbehörde.

Die Katakomben des Nationalmuseums

Irlands Nationalmuseum ist in einem viktorianischen Bau gleich neben dem Parlament in Dublin untergebracht. Ausgestellt sind Funde aus der megalithischen Zeit, historische Musikinstrumente, Waffen und Uniformen, die Goldschätze der Kelten. Die merkwürdigsten Ausstellungsstücke befinden sich jedoch in der Vorhalle des Museums: elf weibliche Steinfiguren, einen halben Meter hoch und zum Teil schon stark verwittert. Deutlich erkennbar sind die überdimensionalen Geschlechtsteile, während der Rest der Figuren nur sehr grob bearbeitet ist und die Gesichter grotesk und abstoßend wirken.

Es sind »Sheela-na-gigs«. Wo der englisch-irische Name herstammt, weiß man nicht genau. Manche meinen, es stamme vom gälischen »Síle na gCíoch« – Julia von den Brüsten. Aber sie haben gar keine Brüste, jedenfalls keine nennenswerten, sondern nur eben eine riesige Vulva. Die meisten dieser Figuren, insgesamt 110 Stück, waren an Kirchen im Süden und Osten Irlands angebracht, und viele hängen noch immer dort. Wie ist das mit religiösen Moralvorstellungen zu vereinbaren?

Bis vor wenigen Jahren hat man die Figuren denn auch vorsichtshalber in den Katakomben des Nationalmuseums versteckt. Wer sie sehen wollte, mußte ein wissenschaftliches Interesse nachweisen und durfte dann, nach eingehender Prüfung des Antrags, zwei Wochen später ins Museumsverlies. Die Figuren waren in einer Ecke im letzten Gewölbe untergebracht, am Ende einer langen Steintreppe und eines dunklen Ganges. Hier wird alles aufbewahrt, was im Museum keinen Platz hat – oder aus anderen Gründen nicht ausgestellt werden soll.

Neill, der Museumsführer, sagte, daß die Sheela-na-gigs vor den »Sünden des Fleisches« warnen sollten. Es ärgerte ihn, daß die Figuren so große Beachtung fanden. Der Mythos um die Figuren rührte allerdings nicht zuletzt daher, daß man sie versteckt hatte. Jedes Jahr erhielt das Nationalmuseum Tausende von Anfragen aus aller Welt. Die steinernen Sheelas konnten jedoch nie mit dem Verruf, der ihnen vorauseilte, mithalten. Viele Besucher, denen die Figuren offenbar zu unspektakulär erschienen, ließen ihrer Phantasie freien Lauf. So log eine US-amerikanische Journalistin, daß die moralbesessene Museumsverwaltung den Sheela-na-gigs Windeln umgebunden hätte. Die *Irish Press*, eine inzwischen eingestellte Boulevardzeitung, hatte in einem Artikel gefordert, Irland sollte endlich erwachsen werden und die Figuren der Öffentlichkeit zugänglich machen. Zur Illustration hatte die Zeitung das Foto einer Sheela-na-gig vom Museum angefordert und auch erhalten.

»Diese Heuchler«, erboste sich Neill. »Die haben in der Zeitung dann nur den Kopf der Figur abgebildet."

Neill hielt die Figuren für »ausländischen Mist«, da die Normannen sie bei der Invasion Irlands im 13. und 14. Jahrhundert mitgebracht hätten. »Die Kunst der irischen Steinmetze war zu dieser Zeit bereits auf einem wesentlich höheren Niveau«, sagte Neill. Aber man kann der Nachbarinsel nicht alles anhängen: Gegen den normannischen Ursprung spricht die Tatsache, daß viele Figuren bereits aus dem 9. und 10. Jahrhundert stammen, also aus der Zeit vor der Normanneninvasion. Zwar wurden ähnliche Figuren auch in England und Nordwestfrankreich gefunden, doch wesentlich weniger als in Irland. Der deutsche Wissenschaftler Johann Georg Kohl hielt die Figuren für Glücksbringer. Er schrieb 1843, daß die Männer im Mittelalter sich an »eine bestimmte Art von Frauen« wandten, die sich vor ihnen entblößten. Dadurch sollte Unheil von den Männern abgewendet werden. »Viele Frauen machten daraus sogar einen Beruf«, stellte Kohl überrascht fest.

Da die Verdrängung einer – zumindest in moralischen Fragen – freizügigeren Vergangenheit in Irland tadellos funktioniert, ist die Bedeutung der Figuren noch weitgehend unerforscht. Die Sheela-na-gig-Expertin Barbara Freitag glaubt, daß die Sheelas rituellen Charakter hatten. Während nämlich die Genitalien bei einigen Exemplaren aus Empörung über ihre Unzüchtigkeit weggehauen wurden, sind sie bei anderen abgegriffen: »Ein Hinweis darauf, daß Kirchgängerinnen beim Eintritt durch das Portal das markante Geschlechtsteil mit der Hand berührt haben«, meint Freitag.

Was auf den ersten Blick aufreizend oder abscheulich wirkt, entpuppe sich bei näherer Betrachtung als realistische Darstellung eines Geburtsvorgangs. »Darauf verweist nicht nur die geweitete Vulva«, sagt Freitag, »sondern auch ein Ei-ähnliches Gebilde, das bei manchen Figuren aus dem Mutterleib herausfällt. In ganz Europa fertigten schwangere Frauen Figuren von Schutzgeistern oder Hausgottheiten an.« So hat die mittelalterliche Kirche ihren Frieden mit dem Volksglauben geschlossen, wie sie es bei vielen anderen heidnischen Ritualen auch tat und ihnen einen christlichen Anstrich gab, um die ländliche Bevölkerung an sich zu binden.

Der Museumsführer Neill war stets dagegen, die Figuren im Museum auszustellen. Sie seien dort aus dem Kontext gerissen, sagte er. Aber welches Museumsstück wird schon im Kontext dargestellt? Dann kam ihm eine Idee, die seine moralischen Bedenken vorübergehend verblassen ließ. »Wir sollten eine Abteilung mit erotischer Kunst eröffnen«, sagte er. »Wenn wir dafür fünf Pfund Eintritt nehmen, können wir das Museum sanieren.« Doch das ist der Vorteil irischer Museen: Der Eintritt ist frei.

Der Friedhof von Glasnevin

Das möchte man eigentlich nicht erleben: »Auf dem Friedhof von Glasnevin wird die Geschichte zum Leben erweckt«, heißt es im Informationsblatt, das einem am Eingang ausgehändigt wird. Der Friedhof – offiziell heißt er Prospect Cemetery – ist Dublins Antwort auf Père Lachaise in Paris. Mehr als 1,2 Millionen Menschen sind hier im Norden der irischen Hauptstadt begraben, die Reichen und die Mächtigen, die Berühmten und die Berüchtigten, die Armen und die Unbekannten. »Müssen ja so zwanzig bis dreißig Beerdigungen sein jeden Tag«, staunte Leopold Bloom im »Ulysses« von James Joyce. »Und dann noch der Mount Jerome für die Protestanten.«

Der Friedhof von Glasnevin wurde 1832 eingeweiht. Damals hatte er dreieinhalb Hektar, heute sind es mehr als fünfzig. Daniel O'Connell, ein katholischer Anwalt, der um die Gleichberechtigung der Katholiken kämpfte, hatte die Eröffnung des Friedhofs durchgesetzt. Damals wurde Katholiken nämlich nicht nur das Wahlrecht vorenthalten, sondern ihnen durfte auch kein ordentliches Begräbnis zuteil werden. Der Glasnevin-Friedhof ist jedoch nicht nur für Katholiken, sondern er steht allen Konfessionen und Nationalitäten zur Verfügung.

O'Connells Grabmonument, die Nachbildung eines historischen Rundturms, ist das Wahrzeichen des Friedhofs. Der »Befreier«, wie er genannt wird, lehnte Gewaltanwendung zur Durchsetzung seiner Ziele ab. Roger Casement und Eamon de Valera, die am Rand des O'Connell-Monuments beerdigt sind, setzten dagegen auf Waffen, um Irlands Unabhängigkeit durchzusetzen. Casement versuchte während des Ersten Weltkriegs, Waffen vom deutschen Kaiserreich nach Irland zu schmuggeln, wurde aber gefaßt und hingerichtet. De Valera, einer der Anführer des erfolglosen Osteraufstands von 1916, entging der Hinrichtung nur, weil er in den USA geboren war.

Vier Jahre später griff er erneut zu den Waffen. Der Unabhängigkeitskrieg gegen die englischen Besatzer endete 1922 mit der Gründung des Freistaats Irland und der Teilung der Insel. Damit war de Valera nicht zufrieden, er lehnte den Teilungsvertrag ab und kämpfte mit seinen Anhängern nun gegen die Regierung des irischen Freistaats, der auch Michael Collins angehörte. Im Unabhängigkeitskrieg waren beide noch auf derselben Seite gestanden. Collins hatte mit seiner Guerilla-Taktik die britischen Truppen an den Rand der Niederlage gebracht. Er beschaffte Waffen, identifizierte britische Agenten und ließ sie von seinen Einheiten der Irisch-Republikanischen Armee erschießen.

De Valera schickte Collins als Chefunterhändler nach London. Als er mit dem Teilungsvertrag zurückkam, ahnte Collins, daß er sein eigenes Todesurteil unterschrieben hatte. Zwar ratifizierte das Dubliner Parlament den Vertrag, doch es kam zum Bürgerkrieg. Städte, Dörfer und Familien waren tief gespalten, manche sind es bis heute noch. Als Collins nach Cork fuhr, um mit De Valera über einen Waffenstillstand zu verhandeln, wurde er in der Nähe seines Geburtshauses ermordet. Wenige Jahre später akzeptierte de Valera den Vertrag schließlich, gründete seine eigene Partei Fianna Fáil, die »Soldaten des Schicksals«, und wurde langjähriger Regierungschef und Staatspräsident.

Collins Grab liegt an der Mauer gleich neben der Hauptstraße. Um das Grab herum sind Betonplatten in den Boden eingelassen. Am Kopfende steht ein drei Meter hohes Steinkreuz mit gälischer Inschrift. Das Grab ist mit Kieselsteinen bedeckt, meist liegen frische Blumen darauf – Gänseblümchen, rote und weiße Nelken, eine Rose. Dieser ältere Teil des Friedhofes ist gesichert wie ein Fort: Eine vier Meter hohe Mauer mit Wachtürmen sollte den Friedhof vor Grabräubern schützen. Frische Leichen brachten Anfang des 19. Jahrhunderts eine Menge Geld ein, denn Mediziner benötigten für ihre anatomischen Untersuchungen ständig Nachschub.

Manchmal mischten sich die Leichenräuber unter die Trauergäste und ließen eine Flasche

Whiskey kreisen, in die sie ein Betäubungsmittel gegeben hatten. Wenn die Gemeinde bewußtlos zu Boden sank, machten sie sich mit dem Toten davon. Um an den Wachtposten vorbei zu kommen, hakten sie die Leiche unter und taten so, als sei es ein Betrunkener. Manchmal kam es sogar zu Schießereien auf dem Friedhof.

Später machten sich die Grabräuber gar nicht mehr die Mühe, Leichname zu stehlen, sondern brachten Leute um und verkauften die Körper. Das machte weniger Mühe. Erst als die Regierung ein Gesetz verabschiedete, das es Medizinstudenten und Professoren gestattete, gespendete Leichen zu sezieren, fand die Grabräuberei ein Ende. So mancher, der zum Tode verurteilt wurde, verkaufte seinen Körper an die Medizin, um vor der Hinrichtung ein letztes Trinkgelage finanzieren zu können.

Zu viele Gelage haben den Schriftsteller Brendan Behan 1964 ins Grab gebracht. Er liegt am Südende des Friedhofs, wo früher die Armen begraben wurden. An diesem Ende, gleich neben Kavanaghs Kneipe, die im Volksmund »Gravediggers« heißt, lag damals der Haupteingang. Weil der Eigentümer der Zufahrtsstraße jedoch Gebühren erhob, baute man eine neue Straße parallel dazu und verlegte den Haupteingang. Diese neue Straße teilt den Friedhof in zwei Teile. Der neuere Teil mit einem Denkmal für IRA-Mitglieder liegt hinter einer Wohnsiedlung. Die Siedlung steht auf

»Sluts' End«, dem »Schlampenacker«, wo die Prostituierten begraben wurden. Der neue Friedhofsteil sieht ordentlich aus, die Gräber sind in Reih und Glied angelegt, während die Toten im alten Teil, so scheint es, willkürlich begraben wurden. Die keltischen Kreuze sind längst von Efeu umrankt, die griechischen Säulen moosbewachsen, viele Grabplatten sind zerbrochen.

Diese Toten werden nicht mehr lebendig, wie es das Informationsblatt so ominös andeutet. Aber sie sind Lebensspender, so stellte James Joyce in seinem »Ulysses« fest: »Der Botanische Garten ist gleich da drüben. Es ist das Blut, das in die Erde sickert, das gibt neues Leben.«

Wo Hitler Kellner war

Die Männer tragen dunkle Anzüge, die Frauen trägerlose Kleider. Wer in der Horseshoe Bar sitzt, will gesehen werden, sofern er nicht selbst auf Prominentenpirsch ist. Die hufeisenförmige Bar liegt im Erdgeschoß des Shelbourne, Dublins berühmtestem Hotel am St. Stephen's Green. Das Interieur strahlt Exklusivität aus: viele Spiegel, grüne gepolsterte Bänke, auf den runden Tischen mit Messingrand stehen Schalen mit Erdnüssen und anderen Knabbereien.

Auf einem Brett an der Wand ist eine Flasche Magnum Veuve Cliquot dezent angestrahlt, auf der Bar steht ein großer Kübel mit kleinen Sektflaschen. Hinter dem Tresen nehmen die Champagnerflaschen ein ganzes Regal ein. Der fünf Meter hohe Spiegel trägt dagegen eine Werbung für »German hock«: Liebfraumilch, nicht gerade die Perle unter den Weinen.

Um halb zwölf macht die Bar dicht, auch am Wochenende, obwohl die gesetzlichen Öffnungszeiten inzwischen um eine Stunde verlängert worden sind. Das Shelbourne hat das nicht nötig. Martin Burke, ein Dubliner Katholik, hatte das Hotel 1824 gegründet. Ursprünglich war es eine Ansammlung von Häusern gewesen, die durch Mauerdurchbrüche verbunden waren, doch 1866, nach Burkes Tod, verkaufte seine Witwe das Hotel an ein Konsortium. Die neuen Besitzer ließen es abreißen und bauten in nur zehn Monaten ein neues Haus im Renaissancestil, und an der Fassade ist bis heute kaum etwas verändert worden.

Politiker und Schauspieler, Opernsänger und Sportler, Schriftsteller und Unternehmer – alle sind im Shelbourne abgestiegen, wenn sie zu Besuch nach Dublin kamen. Hier begann 1947 auch Graham Greenes Affäre mit der verheirateten US-Amerikanerin Catherine Watson. Sie dauerte dreizehn Jahre, Greenes Buch »The End of the Affair« handelt davon.

Der irische Schriftsteller George Moore schrieb 1886 in seinem Roman »Ein Drama in Musselin« über das Shelbourne Hotel: »Hier spielen sich alle Ereignisse ab: hier leben die Leute, hier sterben sie, hier flirten sie, und – hätte ich beinahe gesagt – hier heiraten sie, aber bisher haben die Shelbourne-Ehen nur Trennung zur Folge gehabt; und hier streiten wir: Freunde von heute sind morgen verfeindet, und dann sitzen sie an entgegengesetzten Enden des Zimmers. Das Leben im Shelbourne ist eine Sache für sich und des Studiums wert.«

Moore hielt sich oft im Shelbourne auf, und es ist durchaus möglich, daß er dort 1910 von einem Kellner mit österreichischem Akzent bedient wurde – von Alois Hitler, dem Halbbruder Adolf Hitlers. Alois, damals 26 Jahre alt, war von beeindruckender Gestalt: Er hatte einen mächtigen Kaiser-Wilhelm-Schnurrbart und war stets modisch gekleidet, dazu trug er eine Goldkette und zwei Ringe, der eine mit einem Diamanten besetzt, der andere mit einem Rubin. Das damals 17jährige Dubliner Mädchen Bridget Dowling verliebte sich Hals über Kopf in den Ausländer mit gebrochenem Englisch, der sich als österreichischer Hotelier ausgegeben hatte, als sich die beiden bei der Pferdeshow in der Royal Dublin Society trafen. Als sie die Wahrheit herausfand, unterband ihr Vater den Kontakt mit Alois, doch der überredete sie, mit ihm nach London durchzubrennen. Später zog das Paar nach Liverpool, wo ihr Sohn William Patrick zur Welt kam.

Bridget Hitler behauptet in ihrer Autobiographie, daß Adolf Hitler von November 1912 bis April 1913 bei seinem Halbbruder in Liverpool gewohnt habe, um dem Wehrdienst zu entgehen, doch Hitler-Experten haben dafür nirgends Hinweise gefunden. Alois, der mit seinem Restaurant in Liverpool Bankrott gemacht hatte, floh vor seinen Gläubigern nach Deutschland. Bridget hörte erst wieder 1920 von ihm: Er sei im Weltkrieg in der Ukraine gefallen, hieß es. In Wahrheit hatte er in Deutschland erneut geheiratet. 1929 holte er seinen inzwischen 18jährigen Sohn William nach Deutschland.

William bewunderte seinen Onkel, er ahmte seine Haltung und Bewegungen nach und ließ sich einen Schnauzbart wachsen. Adolf Hitler bot ihm 1938 eine führende Position in seiner Regierung an, wenn er seine britische Staatsbürgerschaft aufgeben würde, doch William dämmerte, daß sein Onkel größenwahnsinnig war. Er ging zurück nach London und wanderte dann mit seiner Mutter Bridget in die USA aus. 1944 kehrte er mit der US-Marine nach Deutschland zurück. Nach dem Krieg ließ er sich mit seiner Frau und den drei Söhnen in Long Island nieder. Seine Mutter starb 1969 im Alter von 78 Jahren, William Hitler lebte noch bis 1987. Seine drei Söhne, die einen anderen Namen angenommen haben, schlossen einen Pakt, daß keiner von ihnen Kinder zeugen würde, damit die Gene des Hitler-Clans mit ihnen sterben.

In der offiziellen Geschichte des Shelbourne-Hotel ist der Hitler-Episode nur eine halbe Seite gewidmet. Alois Hitler hat das Schicksal des Hotels ja auch nicht beeinflußt, im Gegensatz zu seinem Halbbruder. Während Adolf Hitler und die Nazis Europa verwüsteten, profitierte das Shelbourne vom Zweiten Weltkrieg. Irland war neutral, und viele reiche Engländer kamen deshalb nach Dublin. Während des Krieges hatte das Shelbourne jedes Jahr einen Anstieg um sechstausend Übernachtungen zu verzeichnen. Darüber hinaus wimmelte es in Dublin, ähnlich wie in Casablanca, nur so von Agenten. »Geheimnisvolle Männer mit versiegelten Lippen und verschlossenen Aktentaschen rannten durchs Foyer und fuhren mit dem Fahrstuhl hinauf und hinunter«, schrieb die Autorin Elizabeth Bowen in ihrem Buch »The Shelbourne«.

Zwar bombardierte die deutsche Luftwaffe »versehentlich« Dublin, doch das Shelbourne blieb verschont. Erst 1976 wurde es dann doch noch durch eine Bombe schwer beschädigt: Die Irisch-Republikanische Armee (IRA) hatte einen Anschlag auf das inzwischen einer englischen Kette gehörende Hotel verübt, um sich für den Tod eines IRA-Mannes zu rächen, der in englischer Haft im Hungerstreik gestorben war. Zwanzig Jahre später fand im Shelbourne-Hotel ein Teil der nordirischen Friedensverhandlungen statt, die zum Waffenstillstand und 1998 zum Karfreitagsabkommen führten.

Eine Jammerwelt von verstaubtem Licht und erdrückenden Mauern

Besonders einladend sieht das Gebäude, das von einer dicken Steinmauer umgeben ist, nicht aus. Eine Bronzeskulptur über dem Eingang verrät, worum es hinter den Mauern geht: fünf Dämone des Verbrechens, die von den Ketten des Gesetzes und der Gerechtigkeit gebändigt werden. Das Kilmainham-Gefängnis in der Inchicore Road im Westen Dublins ist Irlands Bastille.

Ein Gefängnis ist es schon lange nicht mehr, heute ist es ein Museum. Ein Gang durch den düsteren Bau ist ein Schnellkurs in irischer Geschichte: Seit seiner Eröffnung 1796 bis zur Schließung 1924 war das Gefängnis mit irischen Rebellen bevölkert, die gegen die britische Besatzung gekämpft hatten. Der erste war Henry Joy McCracken, der zwei Monate nach der offiziellen Eröffnung im August 1796 eingeliefert wurde. Zwar war das Gefängnis bereits vier Jahre zuvor fertiggestellt, doch aufgrund der Französischen Revolution und der befürchteten Auswirkungen auf Irland wurde es noch vor der Inbetriebnahme sicherheitshalber erweitert.

Damals hieß es das »neue Gefängnis«. Das alte, das es ersetzen sollte, war ein finsteres Verlies nur wenige hundert Meter entfernt, das aber noch lange in Betrieb blieb, weil die Iren ein rebellisches Volk waren und die Zellen knapp wurden. Nach dem Aufstand der United Irishmen 1798 wurden die Anführer in Kilmainham inhaftiert, während die weniger prominenten Aufständischen in abgetakelten Schiffen auf der Liffey ihrer Deportation nach Australien harrten.

Auch wenn das Gefängnisregime harsch war, so drückten die Wärter – gegen Bestechung, versteht sich – oft ein Auge zu. Manchmal durfte die Ehefrau eines Gefangenen in der Zelle übernachten, und einmal besuchte Lord Edward Fitzgerald, der Anführer der United Irishmen, seine Leute im Gefängnis. Ausgerechnet zu diesem Zeitpunkt machte der für die Gefängnisse zuständige Generalinspektor seine Stippvisite, so daß sich Fitzgerald blitzschnell Gefängniskleidung anziehen und sich unter die Gefangenen mischen mußte. Er blieb unentdeckt.

In den folgenden Jahrzehnten war Kilmainham fast ständig von irischen Freiheitskämpfern bevölkert: die Young Irelanders 1848 und die Invincibles 1883, die ein Jahr zuvor den britischen Lord Cavendish und Unterstaatssekretär Burke im Dubliner Phoenix Park getötet hatten. Die Invincibles waren die ersten, die im Gefängnis hingerichtet wurden. Bis dahin fanden Exekutionen vor dem Gefängnistor in aller Öffentlichkeit statt. Die Invincibles sind unter den Steinen des Hofs von Kilmainham begraben. Einer von ihnen, der 19jährige Tim Kelly, war Mitglied im Franziskanerchor. In der Nacht vor seiner Hinrichtung sang er alle Lieder, die er kannte, bis die Wärter ihn ins Bett schickten.

Charles Stewart Parnell, der für Irlands Selbstverwaltung eintrat, verbrachte 1881 einige Zeit in Kilmainham. Als Abgeordneter des britischen Parlaments wurde ihm jedoch eine besondere Behandlung zuteil: Seine geräumige Zelle mit Kamin und verzierten Decken war eher ein Apartment als eine Zelle. Einige Mitgefangene behaupteten, Parnell sei im Besitz eines Nachschlüssels gewesen und habe kommen und gehen können, wann er wollte. Das ist aber wohl eine Legende.

Zu Kriegsbeginn 1914 wurde das Gefängnis von der britischen Armee übernommen, die dort die zahlreichen Soldaten unterbrachte, die in Irland rekrutiert worden waren. Deshalb wurden die Rebellen des gescheiterten Osteraufstands von 1916 mit zwei Ausnahmen nach ihrer Verurteilung unter Kriegsrecht im Gefängnis von Kilmainham bis zu ihrer Hinrichtung inhaftiert. James Connolly war der letzte der Rebellenführer, der im Hof des Gefängnisses erschossen wurde. Weil er beim Aufstand verletzt worden war, mußte man ihn auf einer Bahre zur Hinrichtung tragen und an einen Stuhl binden.

Zur seiner Eröffnung wurde das Gefängnis

wegen der verbesserten Haftbedingungen gepriesen. Das änderte sich mit der Zeit. Der IRA-Mann Ernie O'Malley, der während des irischen Unabhängigkeitskriegs 1921 in Kilmainham inhaftiert war, beschrieb das Gefängnis in seinen Lebenserinnerungen so: »Die Zuchthausmauer war über zwei Meter dick, das Fenster in der Zelle lief schmal zu wie eine Schießscharte. Die Zellenwand war dick verkrustet vor Alter, Dreck und heulendem Elend. Im Gang war's düster, die Mauern waren schlammig und schimmelig, die Stiefel klapperten mit einem Lärm, der von den Wänden zurückhalte, die Zellentüren gingen auf und zu mit eiserner Schwere und nervenzerreißendem Krach. Der Begriff Zuchthaus war zunächst eine Jammerwelt von Kälte bis in die Knochen, Gestank, verstaubtem Licht und erdrückenden Mauern.«

1921 gelang es O'Malley, zusammen mit seinen Mitgefangenen Frank Teeling und Simon Donnelly aus dieser Jammerwelt zu entfliehen. Teeling war bereits zum Tode verurteilt, und O'Malley, der im Gefängnis einen falschen Namen angegeben hatte, mußte mit dem gleichen Urteil rechnen, wäre seine wahre Identität festgestellt worden. Es war die letzte Flucht aus Kilmainham.

Nach dem Waffenstillstand von 1921 und der Teilung Irlands zog die britische Armee ab, bis auf die nordöstlichen Grafschaften war Irland zum Freistaat geworden. Die neue Regierung übernahm das Gefängnis und sperrte zunächst weibliche Gefangene dort ein. Doch weil viele Unabhängigkeitskämpfer die Teilung der Grünen Insel nicht akzeptierten, kam es 1922 zum Bürgerkrieg zwischen Gegnern und Befürwortern des Teilungsvertrages. Die Freistaatler behielten die Oberhand, sperrten ihre ehemaligen Verbündeten in Kilmainham ein und exekutierten 77 von ihnen.

Der letzte Gefangene in Kilmainham war Eamon de Valera, der spätere Regierungschef. Nach seiner Entlassung wurde der Gefängnisbau sich selbst überlassen und begann zu verfallen. Vierzig Jahre später machte sich eine Gruppe von Freiwilligen an die Restaurierung. Kilmainham Jail ist heute ein Nationaldenkmal. Wenn sie lange genug tot sind, taugen Irlands Rebellen sogar als Touristenattraktion.

Porträt des Rebellen als alter Mann

»Der Typ da drüben ist garantiert ein Polizist«, sagte John. An dem Mann, der gerade das Tolka House, einen Pub in Nord-Dublin, betreten hatte, konnte ich nichts Auffälliges feststellen. »Weißt du«, erklärte John, »die irischen Polizisten ziehen sich nach Dienstschluß zwar die Uniformen aus, aber nicht die Polizeisocken. Daran kannst du sie erkennen.«

John Lyons, mein Schwiegervater, war damals fast achtzig Jahre alt, was man ihm aber nicht ansah. Er hatte buschige Augenbrauen und dichte schwarze Haare, die nur an den Schläfen etwas grau waren. Meistens war sein alter Anzug voller Sägespäne, weil er als Tischler immer an irgendeinem Möbelstück für Verwandte und Bekannte arbeitete.

John kannte sich mit Polizisten gut aus. Seit frühester Jugend war er Mitglied der IRA, der Irisch-Republikanischen Armee. 1940 wurde er nach dem größten Munitionsraub der irischen Geschichte zu einer Gesamtstrafe von 35 Jahren Gefängnis verurteilt. Nach irischem Strafrecht werden die Einzelstrafen jedoch nicht addiert, sondern es gilt die höchste Einzelstrafe. Das waren immerhin noch zwölf Jahre, von denen er acht absitzen mußte.

John wurde im Juni 1907 in Woodford geboren, einem abgelegenen Dorf an der irischen Westküste. Es steht nicht genau fest, ob es der 1. oder der 31. Juni war. Damals kam der Standesbeamte nur einmal im Monat ins Dorf, und alle Kinder, die in der Zwischenzeit geboren waren, wurden an diesem Tag registriert. John hatte zehn Geschwister, fünf jünger und fünf älter als er.

Von dem Osteraufstand, der 1916 in Dublin gegen die britische Besetzung Irlands ausbrach, konnte man in den Dörfern der Westküste nur in der Zeitung lesen. Der Aufstand war dilettantisch organisiert und fand wenig Unterstützung in der Bevölkerung. Nach fünf Tagen war alles vorbei. Daß die Rebellion im Nachhinein doch noch ein Erfolg wurde, lag an der englischen Regierung, die hart gegen die Aufständischen vorging. Die Anführer wurden hingerichtet. Das ging der irischen Bevölkerung, die den Aufstand anfangs eher amüsiert beobachtet hatte, denn doch zu weit. Die IRA erhielt Zulauf, wie sie ihn sonst nie bekommen hätte.

Auch in Woodford waren die Menschen über die Hinrichtungen empört. Johns Bruder Mick, der sechs Jahre älter war, trat als Sechzehnjähriger der IRA bei. John und Mick teilten ein winziges Zimmer. »Wenn er glaubte, ich sei eingeschlafen, verschwand Mick Samstag nachts mit einer gigantischen irischen Fahne aus dem Fenster«, erzählte John. »Morgens hing die Fahne dann an einem Baum vor der Kirche, wo das ganze Dorf sie sehen konnte. Genauso schnell kassierte die Polizei sie jedoch wieder ein. Mick war pausenlos mit Nähen beschäftigt. Eines nachts schaffte er es, die Fahne auf die Spitze des höchsten Baumes im Dorf zu stecken. Die Polizisten waren zu fett, um hinaufzuklettern. Also besorgten sie eine Leiter und einen langen Stock, an dessen Ende sie einen ölgetränkten Lappen banden. Damit wollten sie die Fahne verbrennen. Das gelang ihnen zwar, aber der Baum brannte dabei mit ab. Das ganze Dorf sah zu und feixte.«

Johns Eltern merkten von den nächtlichen Aktivitäten ihres Sohnes nichts. Sie wunderten sich nur, warum Mick morgens nicht aus dem Bett kam, wenn er zur Schule mußte. Als im Nachbardorf ein Waffenhändler mit einem Herzanfall ins Krankenhaus kam, weil sein Laden überfallen worden war, kam es jedoch heraus. Johns ahnungslose Mutter besuchte die Familie des Waffenhändlers, die sie kannte, um sich nach dem Befinden des Mannes zu erkundigen. »Seine Frau sagte zu meiner Mutter, sie solle sich zum Teufel scheren und ihren verdammten Sohn fragen. Er sei es schließlich gewesen, der den Laden überfallen und die Waffen gestohlen habe«, erzählte John. Die Eltern unternahmen nichts, und da der Überfall nicht zu beweisen war, geschah dem Bruder auch nichts.

Zwei Jahre später, 1919, gewann Sinn Féin,

der politische Flügel der IRA, die Wahlen in Irland mit überwältigender Mehrheit. Die Partei rief sofort die Republik aus. Die britische Regierung entsandte Söldnertruppen, die wegen der Farbe ihrer Uniformen »Black and Tans« – schwarz und braun – genannt wurden. Die meisten Polizeireviere auf dem Land wurden geschlossen, das Revier in Woodford wurde am nächsten Tag von der Bevölkerung bis auf die Grundmauern niedergebrannt. Anders als 1916 unterstützten viele Iren nun das Streben nach Irlands Unabhängigkeit.

Die Kämpfe dauerten drei Jahre. John bekam durch seinen Bruder zum ersten Mal direkten Kontakt mit der IRA, die den Elfjährigen für Botengänge einsetzte. »Ich hatte wahnsinnige Angst, wenn ich mit einer Nachricht an den Soldaten vorbei mußte. Sie saßen mit ihren Gewehren zu acht Mann Rücken an Rücken auf den Crossley-Wagen, damit sie jeden Winkel in der Umgebung beobachten konnten. Aber sie beachteten mich gar nicht, weil ich wohl zu jung war, als daß sie mir etwas Schlechtes zugetraut hätten«, sagte John. »Meine Aufgabe während des Unabhängigkeitskriegs beschränkte sich auf das Schmuggeln von Nachrichten.« 1921 wurde schließlich der Vertrag geschlossen, der die Insel teilte.

John gehörte zu den Vertragsgegnern und blieb bei der IRA, die sich langsam reorganisierte und für die Vereinigung Irlands kämpfte. Als der Zweite Weltkrieg begann, ging er nach England. »Englands Not ist Irlands Gelegenheit«, das war schon immer das Motto irischer Rebellen, und so plante die IRA eine Bombenkampagne auf englischem Boden, während die britischen Truppen mit dem Weltkrieg beschäftigt waren. John arbeitete in London in seinem Beruf als Möbeltischler. Nach Feierabend kundschaftete er mögliche Angriffsziele für die IRA aus und organisierte die Anschläge. Zwar mißlang das Attentat auf den damaligen britischen Premierminister David Lloyd George, aber die IRA sprengte reihenweise Kinos, Telefonzellen, Briefkästen und Markthallen in die Luft.

Der Nutzen dieser Anschläge für die IRA war recht zweifelhaft. Sie führten dazu, daß die IRA auch in Irland erbarmungslos verfolgt wurde. Premierminister De Valera, der früher selbst der IRA angehört hatte, wollte Irlands Neutralität wahren und den mächtigen Nachbarn England nicht unnötig verärgern. So unterband die Dubliner Regierung den Kontakt zwischen der IRA und dem nazi-deutschen Geheimdienst. Die deutsche Regierung hatte gehofft, daß die IRA mit Hilfe deutscher Waffen Sabotageakte an kriegswichtigen Objekten in Nordirland und Großbritannien durchführen würde.

Mitten in den Vorbereitungen für einen Bombenanschlag auf einen U-Bahnstation in

Ost-London, durch den die Themse die halbe Stadt unter Wasser gesetzt hätte, wurden John und drei weitere IRA-Mitglieder nach Dublin zurückbeordert. Die vier erhielten den Auftrag, das Magazin-Fort zu überfallen.

Im Westen Dublins liegt der Phoenix Park, der größte Park Europas, wenn man dem Fremdenverkehrsamt glauben möchte. Er beherbergt Sportplätze, den Zoo, die US-amerikanische Botschaft, sowie den Amtssitz der Staatspräsidentin. Im Südostteil liegt, hinter Hügeln versteckt, das Magazin-Fort. Dieses Munitionsdepot der irischen Armee stammt noch aus der britischen Besatzungszeit. Von außen sieht man nicht viel mehr als eine hohe Mauer, die das Fort umgibt.

Am Abend des 23. Dezember 1939 klingelten vier Männer am Haupteingang des Forts. Einer von ihnen hatte ein Paket in der Hand, angeblich ein Weihnachtsgeschenk für den Kommandanten. Die anderen hielten sich im Schatten der Mauer versteckt. Der Wachhabende öffnete das Innentor und ließ es entgegen den Vorschriften offenstehen. Als er das Außentor öffnete, blickte er in eine Revolvermündung. In Sekundenschnelle waren der Wachhabende und der zweite Wachposten überwältigt. »Zwei von uns benutzten die beiden Wachposten als Schutzschild und drangen ins Wachlokal vor, wo sie die anderen sieben Soldaten überraschten und entwaffneten«, erzählte John. »Meine

Aufgabe war es, quer über den Hof zu rennen und das Brandkommando zu überwältigen. Das war eine Kleinigkeit, weil die fünf Mann vor sich hin dösten und an nichts Böses dachten. Innerhalb von Minuten hatten wir das Fort in unserer Gewalt, ohne daß es den Soldaten gelungen wäre, Alarm zu schlagen. Wir öffneten die Tore und ließen dreizehn Lastwagen mit fünfzig Mann von anderen IRA-Brigaden ins Fort.«

In knapp zwei Stunden war das Fort leergeräumt. Die IRA erbeutete über eine Million Schuß Munition und diverse Waffen. Inzwischen hatte man jedoch in den umliegenden Kasernen gemerkt, daß im Magazin-Fort etwas nicht stimmte. Das Fort wurde von den umliegenden Infanterie-Einheiten versorgt. Als die keine telefonische Verbindung mit dem Fort bekamen, lösten sie Alarm aus und entsandten Soldaten. »Wir vier mußten den Rückzug sichern«, sagte John. »Nachdem die Lastwagen weg waren, wollten wir auch flüchten. Wir liefen den Soldaten direkt in die Arme. Ich hatte sämtliche Taschen voller Revolver aus dem Fort. Zwei von uns konnten im Schutz der Dunkelheit fliehen, ich nicht. Die Soldaten brachten uns ins Arbour-Hill-Gefängnis, wo wir drei Tage und Nächte verhört wurden. Die Armee hatte beim Fort auch den IRA-Mann Joe McDermott verhaftet und später verurteilt, obwohl er mit der Aktion gar nichts zu tun hatte. Er war nur aus Neugier zum Fort gekommen, weil er von der Sache vorher gehört hatte. Als wir am 27. Dezember vor Gericht gestellt wurden, wußte die Polizei noch immer unsere Namen nicht, obwohl Beamte aus dem ganzen Land nach Dublin gekommen waren, um uns zu identifizieren. Vor Gericht gaben wir schließlich unsere Namen an, weil sie es ohnehin herausbekommen hätten. Wir kamen dann ins Mountjoy-Gefängnis, wo wir zum ersten Mal seit dem Überfall schlafen konnten.«

Nach siebentägigem Prozeß wurde John verurteilt. Die Beweislage war eindeutig. Der irische Staat hatte die größte Fahndung in seiner Geschichte in Gang gesetzt. An jeder Straßenkreuzung fanden strenge Kontrollen statt, Suchtrupps durchkämmten Häuser und Bauernhöfe, sogar Flüsse und Seen. Bereits am 1. Januar 1940 hatte die Polizei mehr als drei Viertel der geraubten Munition zurückerbeutet.

John verbrachte vier Jahre im Mountjoy-Gefängnis. Er freundete sich mit einem alten Wärter an, der für ihn Nachrichten schmuggelte. »Nur wenige Leute wußten davon«, sagte John. »So geschah es, daß mir ein Bekannter während des Besuchs eine Nachricht zusteckte, was dem Oberaufseher natürlich nicht verborgen blieb. Er nahm mir den Zettel ab und brachte ihn schnurstracks zum Büro des Direktors, wo er ihn auf den Schreibtisch legte. Ich hatte aber unverschämtes Glück. Eine Putzfrau machte gerade das Büro sauber und verbrannte alles, das nach Müll aussah – darunter auch meine Nachricht. Nach der Besuchszeit mußte ich zum Verhör. Der Direktor wollte unbedingt wissen, was in der Nachricht gestanden hatte. Ich konnte mir das gar nicht erklären, denn ich nahm ja an, daß er den Zettel bekommen hatte. Erst Wochen später fand ich heraus, was geschehen war.«

Der Überfall auf das Magazin-Fort hatte schwerwiegende Folgen. Im Januar 1940 trat das Parlament zu einer Sondersitzung zusammen und verabschiedete mit großer Mehrheit ein Gesetz, das die Regierung ermächtigte, Internierungslager für IRA-Mitglieder einzurichten. 1945 wurde John in das Militärlager im Curragh südwestlich von Dublin verlegt. Das Curragh ist eine riesige Ebene aus Naturrasen, wo Pferderennen stattfinden. Ein paar Bäume tarnten das Lager, das heute noch eine Kaserne ist.

»Die Zeit im Lager war weitaus angenehmer als die in den Gefängnissen«, sagte John. »Wir hatten mehr Bewegungsfreiheit, weil die Soldaten der Wachmannschaft es mit den Vorschriften nicht so genau nahmen. An eine Flucht war wegen der burgähnlichen Bauweise des Lagers sowieso nicht zu denken, obwohl einige es versuchten. Es gelang uns sogar, Weihnachten 1945 Poitín herzustellen.«

Poitín, ein irisches Wort, das »kleiner Topf« bedeutet, ist schwarzgebrannter Whiskey. Die

Schwarzbrennerei ist in Irland eine alte Tradition. In überlieferten Geschichten heißt es, daß der illegale Tropfen in phantasievollen Behältern zur Kundschaft geschmuggelt wurde – von kleinen Torfkarren bis hin zu Särgen bei falschen Beerdigungen. Die Freunde des scharfen Getränks sagen ihm geradezu Wunderheilkräfte nach. Aber um die Gesundheit ging es John bei der Schwarzbrennerei im Curragh nicht.

Mit fünf anderen Gefangenen hatte John sich vorgenommen, Weihnachten zu einem Tag zu machen, den keiner so schnell vergessen würde. Das gelang ihnen auch, nachdem verschiedene Probleme – vor allem das der Materialbeschaffung – gelöst waren. Die Hefe wurde von einem Mitgefangenen besorgt: Er ließ sie sich vom Gefängnisarzt verschreiben, weil es angeblich das einzige Mittel war, das seinen kranken Magen beruhigen würde. Die zum Küchendienst eingeteilten Gefangenen zweigten täglich etwas Haferflocken ab. John schraubte ein Eisenrohr von einer Hütte ab und besorgte einen Gummischlauch von einem Armee-Jeep. Ein Gefangener stellte eine Bettlatte zur Verfügung, und John baute daraus einen runden Deckel. Sonntags, wenn das ganze Lager einschließlich der Soldaten in der Gefängniskirche war, kochte einer von der Poitín-Bande die Zutaten auf dem Küchenherd. »Das Zeug wurde dann in einen Milchkübel zum fermentieren geschüttet«, sagte John. »Dieser Prozeß war zwar etwas laut, aber glücklicherweise war der Wärter alt und fast taub. Das einzige Problem waren jetzt noch leere Flaschen, in die das Gebräu hinein destilliert werden mußte. Die Gefangenen ließen sich kistenweise Hustensaft verschreiben, aber die Flaschen reichten noch immer nicht. Der faulste Gefangene im ganzen Lager war Brendan Behan, der später ein berühmter irischer Dramatiker wurde und sich zu Tode soff. Er war sogar zu faul, um zur Toilette zu gehen. So hatte er einen geheimen Vorrat leerer Flaschen unter seinem Bett, die er aus dem Fenster warf, wenn sie voll waren. Wir haben sie eingesammelt, uns aber verdammt gut gemerkt, welche Flaschen von Behan stammten. Zu Weihnachten bekam er dann eine seiner alten Flaschen zurück, frisch gefüllt mit Poitín aus dem Curragh.«

Als 1948 eine große Koalitionsregierung an die Macht kam, wurde Sean Macbride Außenminister. Er setzte eine Amnestie für die IRA-Gefangenen durch. »Es blieb ihm nichts anderes übrig«, sagte John. »Schließlich war er in den dreißiger Jahren mein Stabschef in der IRA.« Macbride wurde später Mitbegründer der Menschenrechtsorganisation Amnesty International und erhielt 1974 den Friedensnobelpreis, John blieb bis in die siebziger Jahre in der IRA aktiv.

Am 31. Oktober 1973 entführte eine IRA-Einheit einen Hubschrauber und landete damit im Gefängnishof des Mountjoy-Gefängnisses, das sich seit Johns Zwangsaufenthalt nicht sehr verändert hatte. Ehe das Wachpersonal eingreifen konnte, entschwebte der Hubschrauber mit drei führenden IRA-Mitgliedern, die lange Freiheitsstrafen in Mountjoy absitzen sollten. Der Ausruf eines Gefängniswärters, als der Hubschrauber davonflog, ist in die Geschichte eingegangen: »Schließt die Tore!« Am nächsten Tag kursierte bereits ein Lied über die gewagte Aktion: »Provie Birdie.«

Zwei Jahre später wurden die entflohenen IRA-Männer wieder gefaßt – in einem Haus, das mein Schwiegervater gemietet hatte. Es lag genau gegenüber seines eigenen Hauses. John hatte die Hubschrauberbefreiung organisiert und die IRA-Leute zwei Jahre lang versteckt, so erzählte er mir kurz vor seinem Tod. »Aber die Polizei konnte mir nichts nachweisen«, sagte er, »und so mußten sie mich nach dem Verhör wieder laufen lassen.«